仕事ができて、愛される人の話し方

Mayumi Arikawa
有川真由美

PHP研究所

まえがき

「あー、今回のプレゼン、相手によく伝わっていなかったな」

「どうして、私のこと、信頼して任せてくれないんだろう」

「悪気はなかったのに、怒らせちゃった」

「初対面の人と会話が続かずに、仲良くなれない」

「ざっくばらんに言いたいことが言えたらいいのに」

などと、身につまされたことはありませんか？

気持ちはあるのに、相手に伝わらない。

仕事は一生懸命やっているのに、わかってもらえない……。


大丈夫。それは、すべて「話し方」で解決できる問題です。

話し方は、自分という料理を、相手に差し出すときの、器のようなものかもしれません。

器次第、盛り方次第で、料理の価値はまったく変わってきます。

いくらいい素材を使った料理でも、器が趣味の悪いものだったり、汚れていたりすると、食欲がなくなります。プラスチックの器に、雑に盛られていたら、それほど価値の

まえがき

あるものには、思えないでしょう。反対に、料理にぴったりの、きれいに磨かれた器で料理を出すと、「わぁ、おいしそう！」と笑顔になり、食べるほうも背筋が伸びます。

たとえ、どこにでもある素材で作った料理でも、相手を喜ばせるために選んだ器に、きれいに盛り付けられた料理は、とても大切に扱ってもらえるのです。

そんな最後の仕上げである〝話し方〟のコツに気づけばいいだけ。


この本には、初対面の人と話を続かせるコツ、聞き上手になるコツ、ホウレンソウ（報告・連絡・相談）がスムーズにできるコツ、効果的なほめ方や叱り方のコツ、スピーチやプレゼンがうまくできるコツなど、さまざまな話し方のコツを収録しました。

最初から、全部がんばることはありません。

「あ、これはできそう」というものから、どんどん実践してみてください。

あなたがそれを繰り返して自分のものにしていくうちに、あなたを取り巻く周りの人たちが好意的になり、評価がまったく変わってくることを保証します。

有川真由美

仕事ができて、愛される人の話し方　◎もくじ

Contents

Contents

Contents

望んでいる場所へあなたを引き上げる話し方

あなたの周りに、「なぜかかわいがられる」「なぜか許されてしまう」「なぜか信頼される」「なぜか人が集まってくる」という女性はいませんか？

反対に、「なぜか煙たがられる」「なぜか怒られてばかりいる」「なぜか存在感がない」「なぜかひとりぼっち」という女性もいるでしょう。

それは、すべて話し方のちがいによるもの。話し方によって、愛されるか愛されないかも決まるし、仕事ができると判断されるかどうかも決まるものなのです。

話し方のスキルをレベルアップするだけで、「お、できる人」と判断され、自然に、いい仕事を任され、高い意識をもった人たちが集まってきます。

実際、あなたがどんな話し方をしているかで、あなたが、どれだけ信頼されているか、どんな立ち位置にいるかが、わかってしまうのです。

「話し方」のスキルは、学歴も才能も必要ありません。

「仕事ができるようになりたい」「愛されたい」と思えば、だれだって身につくスキル。どこにいっても通用するスキルです。

そして、それをもっているのともっていないのとでは、仕事での成果や、プライベートの人間関係に、**天と地ほどの差が出てきます。**

もし、あなたが「仕事ができて、愛される話し方」を身につければ、受け身ではなく、能動的に、自分の人生を切り開いていけます。

自分が「こうなりたい」と思う方向に、周りの人が引き立ててくれ、サポートも集まってきます。「話し方」のスキルは、場面に応じて武器にも盾にもなって、どんな時代でも、どんな環境であっても、あなたを守ってくれるでしょう。

大げさでもなんでもなく、話し方のスキルさえあれば、生きていけるのです。

話ができる、つまり、コミュニケーション能力があるということは、それによって「社会からの恩恵が受けられる」ということなのですから。

これから、あなたを、いまいる場所から、望んでいる場所へと引き上げるための、もっとも有効な方法をお伝えしたいと思います。

「仕事ができて、愛される話し方」を身につけると決める

1

どこにいても愛される人と、なぜか愛されない人

愛される法則 その1

自分ではなく、相手にフォーカス

あなたの周りにこんな話し方の人たちはいませんか？
たとえば、自分のことばかりを話す人。
自分からは話しかけてこない人。
なにが言いたいのかわからない人。
相手によって声のトーンが変わる人。
言いたいことを言わなきゃ気がすまない人……。
そんな人たちに対して、多くの人は自然と嫌悪感を抱いてしまいます。

どうして、そんな話し方になってしまうのか。
それは、「自己中心」的だからです。

「自分をよく思われたい」「自分をわかってほしい」「自分からは話しかけたくない」「自分の話したいことだけ話したい」「自分の聞きたいことだけ聞きたい」「自分がわかるから相手もわかるだろう」……と、自分にフォーカスして、自分のエゴを優先しているために、相手の気持ちが、まるでわかっていないのです。

反対に、**相手にフォーカスして、相手の目線で話ができる人は、愛されます。**

「相手は、なにを聞きたいのか」
「相手は、なにを話したいのか」
「どうすれば、相手に自分をわかってもらえるのか」

相手の気持ちになって考えると、なにをどう話せばいいか、どんなふうに行動すればいいか、自然と導き出されてくるはずです。

結局のところ、人間は、理論ではなく、感情で動きます。

自分のことを大切にしてくれる人が好き。エゴが見え隠れする人は嫌い。

「どんなことを言われたか」という内容だけではなく、「どんなふうに言われたか」という話し方で、人の反応は、まったく変わってきます。

そんな、**いたって感情的で、単純な問題**なのです。

POINT! ★目の前の人をいちばん大事に扱う

ワンランクアップ

愛される人のテクニック

1 相手の「いいところ」をひとつ探る

❖相手を嫌いになったら負け

「この人、嫌い」という気持ちをもってしまうと、理解はなにも生まれません。そして、人は自分を嫌いな人に対して、決して素直になってくれません。相手を嫌いだと思ったら負け。「ちょっと苦手だけど、いいところもある」と興味をもって、長所を探ってみて。どんな人だって、必ずひとつはあるんですから。

【aisare-san】

2 相手と目線を同じにして話す

❖相手の気持ちがわかってくる

子どもと話すときは子どもの目線。お客と話すときは、お客の目線。後輩と話すときは、後輩の目線……というように、相手の目線になると、気持ちに寄り添え、「なにを言ってほしいのか」「なにを言ったら喜ぶのか」が見えてきます。

3 相手の言動を真似てみる

❖なにを大切にしている人か

相手がすぐにお礼メールを送ってくる人であれば、自分もすぐにお礼メールを送る。仕事の確認を念入りにする人であれば、先手を打って確認しておく。早めに行動する人であれば、こちらも早めに動く……。相手の行動を真似ていると、相手が「なにを大事にしているか」がわかり、信頼関係もできてきます。

残念な人の「話し方」

だれも聞きたがっていないのに、すぐに自分の話題にもっていく人

「私なんて、〜だもの」

たとえば、だれかをほめていると「私なんて、ダメよ。彼女はいいわよね…」と、自分を卑下することで自己主張しようとする人、だれかが話しているときに「あら。私なんてね…」と、すぐに自慢話をしたがる人など。「私のことも見てよ！」という自己主張はうっとうしいものですが、言いたいだけ言わせてあげましょう。ひどいときは、途中で話を変えたり切り上げたりして、それとなくわからせて。

【Zannen-san】

2 自分から相手の懐に飛び込んでいける人

愛される法則 その2

積極的に自己開示する

仕事関係の人や、初めて会った人と話をするとき、相手と自分との間に、**なにか「大きな壁がある」**と感じることがあるでしょう。

あれこれ質問しても、最小限、答えるだけだったり、話に乗ってこなかったり、目がほかのところを見ていたりして、「あなたと、それほど仲良くしたいとは思っていません」という信号を、全身で発信しているような雰囲気。そして、「あなたと私は、ちがうんです」というオーラを発している人、なぜか敵対心をむき出しにしている人、自慢話ばかりをして自分を取り繕っている人もいますね。

それは心の扉が、ぴしゃんと閉じてしまっている状態だからです。

そんなときは、無理矢理、相手の扉をこじ開けようとしても無駄。

かといって、そのまま放置していては、相手との距離は縮まりません。そこで自分の身の上話やプライベートな話題、気持ちを、ざっくばらんに話すことから始めましょう。

「私、○○さん（相手の名）に前からお会いしたいと思っていたんですよ」

「私は北海道出身で寒さには強いつもりでいたんですが、この冬の寒さは堪えますね」

「今度の会議で重役にプレゼンするんですけど、実は、ちょっと心配で……」

こうした自己開示のうまい人は、相手のなかに自然に入っていける人です。

仲良くなるのに効果的なのは、相手にさりげなく、〝好き光線〟を送ること。

自分の弱みや、本音を見せてしまうこと。

壁をつくっている人、虚勢を張っている人ほど、〝好き光線〟と〝本音〟には弱いのですから。ほっと安心して、壁がなくなり、思わぬ反応が返ってきます。


自分から積極的に、相手の懐にどーんと飛び込んでいける人は、愛されます。

壁をつくらずに、本音で話せる、素直な人は愛されます。

受け身で待っていても、なにも変わらない。

自分の殻に閉じこもって逃げていても、なにひとついいことはない。

守りより攻め。〝自分から〟積極的に、相手の心をノックした人が、心を通わせることができ、相手からのリターン（恩恵）を受けられるのです。


 POINT!★仲良くなりたいなら、本音をさらけ出してみる

ワンランクアップ 愛される人のテクニック

1 自分のドジ話、ちらりと弱みを提供する

みんな、隙のある人が好き

仕事ができる美人や怖そうな先輩が、ちょっとマヌケなことをしたり、自分を落とした発言をしたりすると、一気に「愛されキャラ」になるもの。みんな、少々隙のある人のほうが安心するのです。普段接する相手なら、肩ひじ張らないでリラックスして、少々ダメな自分を見せてもOK！

2 「緊張しています」と本音を言う

素直な人は愛される

緊張した場面では、本音で「少々緊張しています」と言うと、フォローも入って和やかムードに。わからないときは、知ったかぶりをしないで「それは知らなかったです」、まちがったときは「まちがっていました」と言える素直な気持ちをもつことが大事。ただし、場面によっては「新人じゃないんだから、しっかりして」となることもあるので注意。

3 相手への「好き」「リスペクト」を口にする

❖相手が喜ぶことは、どんどん言葉に

自分を好きでいてくれる人を、悪く思う人はいません。「そういうところ、さすがです」「そういうところ、好きです」と言っているうちに、あなたのことも認めてくれるように。言葉はお金を一銭もかけず、相手に喜んでもらえるプレゼント。贈って損はないんですから、恥ずかしがらず、どんどん贈って。いつの間にか、お返しが届けられているものです。

残念な人の「強がり」

強がりばかりを言って、本心を見せない人

「私は平気」「全然、大丈夫ですから」「まったく問題ありません！」

仕事上では強がることも必要ですが、どんな状態でも強がっていると、人との間に壁ができたり、周りから見ると痛々しいことも。ときには、「どうしよう」「助けて！」と人に頼ることで、つながりはできていきます。

3

頭の整理ができていないの？と思われてしまう人

愛される法則 その3 ひとりツッコミを入れる

女性同士の会話で、話がかみ合っていないのに話が進んでいくことがあるでしょう。自分の言いたいことしか言っていない。自分の聞きたいことしか聞いていない。

これが井戸端会議であれば問題はないのですが、この感覚で、仕事の話も進めてしまうと大変です。あちこち話が脱線したり、都合が悪いことは話さなかったり、感情的な言い方になったり、最後には「あら、なにを話していましたっけ？」となったり。

そんな場合、よっぽど仕事に影響が出たり、よっぽど面倒見のいい上司や先輩がいたりしたら指摘してもらえるでしょうが、ほとんどは、内心、「ダメだわ、この人」「頭の整理ができていないのかな」と思われつつ、会話は続いていきます。

また、「えー」「あのー」「要するに……」「ある意味……」など、話し方のクセが耳障りだったとしても、それに気づくこともありません。

つまり、**人から「おい、ちょっと……」と思われるような、ひとりよがりの話し方を**

していても、自分ではそれに気づいていないという現実があるのです。

もしかしたら、あなたが、ちゃんとやっているつもりでも、知らず知らずのうちに、残念な話し方になっているのかもしれませんよ（この本には、たくさんの「残念な人」が出てくるので、我が身を振り返る意味でも、チェックして！）。

そこで、ひとりよがりの話し方にならないためにも、**自分のなかに、〝もうひとりの自分〟をもつことです。**

〝もうひとりの自分〟とは、自分でも相手でもなく、第三者の目になって、

「あれ、相手はちゃんとわかっていないみたいよ」

「ここは、それほど重要じゃないから、さらりと説明したほうがいいわ」

「言い訳しても、さらに印象が悪くなるわ。ここは謝るだけにしたら？」

と、ツッコミを入れてくれる人。自分と、全体の状況を客観的に見てくれる目です。

この目は、だれでももてるようになります。話す内容を考えるとき、話をしているとき、**つねに「おいおい、ちょっと待って」とひとりツッコミをするクセをつければいいのです。**もうひとりの自分のチェック機能があれば、話し方のスキルは格段に進歩していくはずです。

ひとりツッコミをいれよう！

～具体例～

【例1】 EXAMPLE 1

友人に映画を勧めていて……

今までの自分

「この前、観た映画、すごくよかったから、あなたも観るといいわ」

ツッコミ1

ちょっと待って、相手の反応が鈍いわよ

なぜかしら。映画が嫌い？

【例2】 EXAMPLE 2

上司に、悪い結果を報告するとき……

今までの自分

報告するの、嫌だなぁ。明日にしようかしら

ツッコミ1

ダメよ。言いにくいことほど早めに言わなきゃ

そうね。じゃ、上司が午後、時間が空いたときにすぐ。でも、なんて言い訳しよう～

【例3】 EXAMPLE 3

部下がなかなか作業の手順を覚えないとき……

今までの自分

ふぅー。彼女には、いつも2回、説明することになるのよね

ツッコミ1

あなたの話はだらだらして、ポイントがわかりにくいもの

ポイントを整理して、話せばいいのね

ツッコミ2
そんなことないわ。相手に映画の良さが、全然伝わってないからね

そっか。じゃあ、もっと詳しく説明すればいい？

ツッコミ3
詳しいだけじゃダメよ。だらだら話しても、相手は疲れるだけ

ＯＫ。どこで感動したかを伝えたらいいわね。あら、相手の反応が、だんだんよくなってきた！

ツッコミ2
言い訳は必要なし！　そんなこと、相手は望んでいないわ

上司が望むこと……あ、原因と対策を伝えればいいのね

ツッコミ3
それから、彼の性格をよく考えて

論理的な性格だから、抽象的な表現は避けて、数字で具体的に説明しよう

ツッコミ2
そう。それに話すスピードが速すぎ！　相手は聞きづらいわ

相手の反応を見ながら、ゆっくり丁寧に話します

ツッコミ3
ちゃんと相手が理解できているか、確認しないのもよくない！

じゃあ、説明が終わった後、相手に復唱してもらえばいいわね

自分では気づいていないけど、相手は意外と不快!?

ここで、「話し方チェック」ー

CHECK POINT!

□ 語尾が伸びる人

「あのぉ～、お願いがあるんですけどぉ～」など、語尾を伸ばす言い方は、幼く、頼りなく感じられ、周囲から嫌悪感をもたれることがあります。語尾を丁寧に言うよう心がけて。大人っぽく、ハキハキしたしゃべり方のアナウンサー、女優などを真似てみるのも効果あり。

□ 会話を逆説で始めようとする人

相手の言葉を受けて、逆なことを言うわけではないのに、「逆に言うと」「～ていうか」「でもね」など、逆説で話し始める人は、意外と多い！　相手によっては、否定されたようで不快に思うことも。接続詞抜きでも、ほとんどの会話は成立するので、なるべく接続詞を使わずに話してみて。

□ 話をまとめようとする人

「ま、要するに」「ともかく～」など、やたらと話をまとめようとする女性は、姉御肌の人に多く見られがち。相手は、話を断ち切られたようで、気分を害することもあります。「要するに」「ともかく」でつながず、「～ってことですね」と要約するようにすると、相手はよく理解してくれたと安心するはず。

□ 話の間を、「えー」「あのー」で稼ぐ人

ニュースの解説者、スポーツ選手にも多いタイプ。間を空けることを恐れているように「えー」「あのー」と伸ばす語尾は、他人には結構、耳につくもの。自分では気づかないので、信頼できる人に指摘をお願いするといいでしょう。文の間を空ける練習をすると、自然にクセも抜けていきます。

友だち同士、
自分自身で
チェックしてみて！

CHECK POINT!

□ だんだん早口になる人

おしゃべりな人、せっかちな人は、口調がだんだん速くなりがち。話が一方的になり、聞きとりにくいこともあります。焦って話そうとすると、人の話に言葉をかぶせてしまうことも。相手の反応を確認するように話すこと。相手の言葉を受けて、一呼吸おいてから話すようにすることで、ペースを保てるようになります。

□ 一文がなかなか終わらない人

「〜ですが、〜ですけれども」と、文をつなげてだらだらと長い文になると、なにを言いたいのかわからず、意図が伝わりにくくなってしまいます。また、変なリズムになって、聞きづらいことも。一文を短くして、言い切るように。だらだらとした口調になる人は、頭が整理されていないことが多いので、内容を簡潔にまとめてから話しましょう。

□ あいまいな表現をする人

「なんか……」「〜っぽい」「〜的には」「〜という感じ」など、若者だけでなく、30代 40代にも多い表現。特に、気を遣いながら、あいまいに話そうとする女性に多いのですが、自信がないように感じられ、意外に耳障り。事実は「〜です」と断定で言い切るようにし、状況や気持ちを伝えるときは、「私は〜と思います」「私は〜と感じました」など、「私」を主語にすると、責任をもった言い方に。

残念な人の「思い込み」

自分の強い思い込みだけで話す人
「きっと、〜にちがいないわ」「だって、そうだもの」

「いまどきの人たちは……」「女性は〜であるべき」「彼は絶対〜よ」など、自分の価値観だけで話そうとする人は、客観的な視点が欠落していて、利己的で視野が狭いと思われることも。自分の考えは、なるべく断定的表現を使わずに意見として伝えることが大事。

また、こんな人の考えを正そうとすると、ヘトヘトに疲れます。お互い多種多様な考えを「そんな考えがあるのね」と受け入れて。

●自分中心の話し方
●CLOSEな姿勢
壁をつくる
自分をとりつくろう
●コミュニケーションが受け身
上司
●信頼されない
●愛されない
ベフに…
☆むっつり・オドオド・無表情
☆相手を見ない・目が泳いでいる
☆猫背、だらりとした姿勢
☆ぼそぼそ・小さすぎる声
☆語尾が不明瞭
仕事ができて、愛される話し方 3原則
●自分ではなく相手にフォーカス
●積極的に自己開示
●ひとりツッコミを入れる
残念な人

上司
●相手中心の話し方
●OPENな姿勢
自己開示・自然体
●コミュニケーションが
能動的
コンニチハ
●信頼される
●愛される
☆笑顔・にこやか
☆相手の目を見て話す
☆背筋がピンと伸びている
☆大きめの声
☆語尾がはっきり丁寧
●ひとりツッコミ
で客観的な目
●全体像を把握
愛される人

4

報告

「君はなにが言いたいんだ!」と言われる人にならない

*相手がいちばん聞きたいことを最初に

報告しているとき、相手がだんだん険しい顔つきになって、

「だから、なにが言いたいんだ」

「それで、結論はなに?」

と言われた経験は、だれでもあるでしょう。

特に**女性は、「時系列」や「起承転結」で話をする傾向がある**と言われます。

女性「昨日着くはずのA社からの荷物、9時まで残って待っていたんですけど、到着しなくて、夕方から担当のBさんに、何度電話しても連絡がとれないし、ほかの人はだれもわからないって言うし。どうやら、Bさん、地方に出張だったみたいなんですね。それで、今日の朝になって、やっとBさんと連絡がとれたんですけど……」

上司「で、なに?」(イライラした表情で)

女性「今日の会議で使う予定のA社からの荷物がまだ届いていません」
上司「なんでそれを早く言わないんだー！」

あなたの周りに、上司と、こんな会話をしている女性はいませんか？

上司が「なにがいちばん聞きたいことか」がわかっていないから、イライラさせてしまうのです。

女性としては、「9時まで待っていた」「何度も連絡をとった」とアピールしたつもりでしょうが、ここでは、それは必要なし。「Bさんが地方出張」というのも、どうでもいい情報です。

「午後からの会議で使う予定のA社からの荷物、本日4時以降に到着予定です。今朝やっと、担当のBさんに連絡がとれて聞いたところ、Bさんが発送し忘れたとのことです…

（必要なら、この後に詳細な情報）**」**

これでOK。「相手がなにを聞きたいのか」にフォーカスすると、「荷物はいつ届くのか？」が、いちばん重要な情報。そして「結論⇒理由⇒詳細」の順で伝えればいいことがわかります。**言わなくてもいい情報はすべて削除して、短く、的確に、わかりやすく。**

これが聞き手への思いやりというものです。


 POINT!★「結論⇒理由⇒詳細」の順で話す

ワンランクアップ 愛される人のテクニック

1 報告は「事実を正確に」がもっとも大切

❖勝手な判断や憶測で話さない

報告のいちばん大切なことは、正しい情報を正確に伝えること。ひとり合点や憶測で話をすると、思わぬ方向に作業が進んで、ロスを生むことに。場合によっては、報告前に、事実確認、詳細確認をする必要もあるでしょう。できるだけ意見や感情は入れずに、事実をありのままに。

2 「結論から申し上げます」と冒頭に

❖いちばん重要なことを先に

「結論から申し上げます」と冒頭に言うと、相手も心構えができ、次に続く話も頭で整理しながら、集中して聞けます。最後まで聞かないと結論がわからない話し方では、ただなんとなく聞いていて「最初の話、もう一回、言って」となってしまうことも。

3 的確なタイミングで

❖基本は「早め早め」ですが……

言いづらい報告は後回しにしてしまいがちですが、放っておくと取り返しがつかなくなることも。言いにくい報告こそ早めに。また、状況が変わっていく場合は、何度も報告すること。「ある程度、結論が出たとき」「情報が出そろったとき」「報告相手の時間的余裕ができたとき」などベストなタイミングで。

4 うれしい報告、「順調に進んでいます」という報告も

❖いちばん安心する報告

なにか問題があったとき、言わなきゃいけないときだけ報告していると、報告するたびに、相手も身構えることになります。「うまくいっています」「無事、終わりました」という経過報告をして、相手を安心させてあげることも大事。長期の案件は、途中報告を何度か入れるのを忘れないこと。報告もコミュニケーションの一つと考えて。

残念な人の「長い話」

話が丁寧すぎて、だらだらと長くなる人

「それで……だから……（とエンドレス）」

「営業先の感触はどうだった？」と聞かれて、「はい。相手の方がとてもいい方で、〜をしてもらって〜と言われて、だから……」と、丁寧すぎるあまり、話が長くなる人も。大きく外れてはいないのであまり突っ込まれないものの、ときに周りをイライラさせ、評価も高くなるとは言えないでしょう。大筋の答えを「前向きに考えていただけるそうです」などと伝え、その後に詳細を。情報は「大⇓小」の順に。

フローチャートメモで報告の全体像をつかむ!

◉ポイントが整理されて報告がスムーズに

＊フローチャートを作ってから報告すると、話の流れとポイントがつかめて、相手にわかりやすい話し方になります

●結論

↓

●理由

↓

●ポイント
（経過・詳細・補足説明など）

●理由

↓

●ポイント
（経過・詳細・補足説明など）

●その他

報告の3原則

❶ 正確に
❷ 結論から
❸ 簡潔に

報告の流れ

1 報告内容
（何について報告するのか）

「○○○○について報告があります。お時間よろしいでしょうか」

↓

2 結論

「結論から申し上げます」

↓

3 原因・理由

「その理由は、○つあります。
1つ目は……
2つ目は……」

↓

4 経過
詳細
補足説明など

「経過は……」
「詳細は……」
「補足しますと……」

報告
フローチャートメモ作成のポイント

ポイント1
メモは箇条書きで
＊文章にすると読みにくい
・棒読みになって話しにくい

ポイント2
5W3Hで必要事項をモレなく
When（いつ）
Where（どこで）
Who（だれが）
What（なにを）
Why（なぜ）

❖ **できるだけ簡潔に説明するために言わなくていいことは言わない！**

【余計な情報の削除基準】

1
その情報は**「相手にとって聞きたい情報か」**で削除

2
その情報は**「テーマに沿った情報か？」**で削除

3
その情報は**「自分の〝話したい〟情報になっていないか」**で削除

How to（どんなふうに）
How much（どれだけ）
How many（いくつ）

ポイント3

重要なことは追って メールや文書で

＊言いモレや聞き逃しを防ぐため

pirorin!
先ほどの件

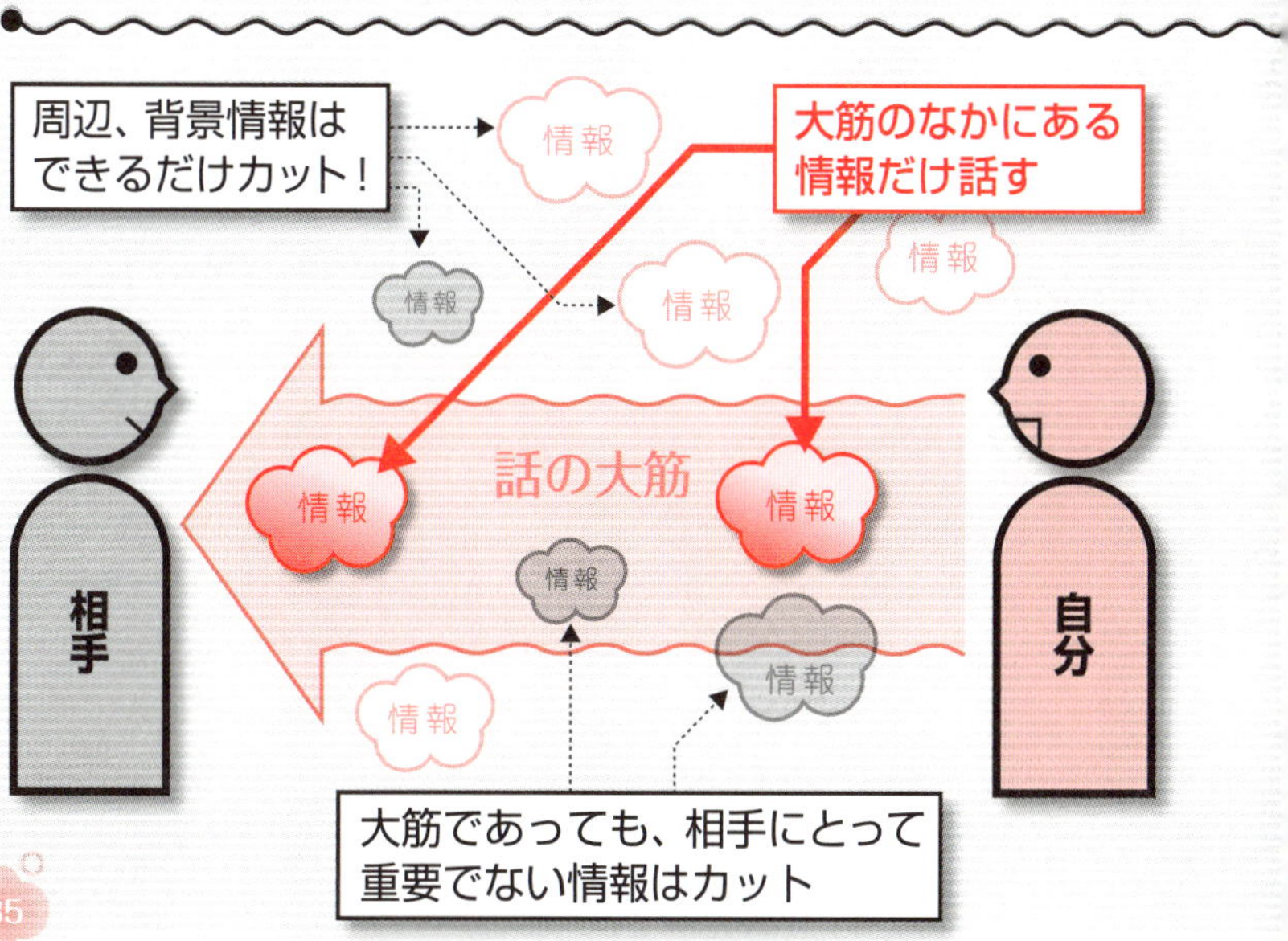
周辺、背景情報はできるだけカット！
大筋のなかにある情報だけ話す
情報
話の大筋
相手
自分
大筋であっても、相手にとって重要でない情報はカット

5

説明1

その説明は、自分のため？ 相手のため？

「自分が伝えること」より「相手に伝わること」

あるファイナンシャルプランナーの方に、説明を聞く機会がありました。

「私たちファイナンシャルプランナーは、クライアントの貯蓄設計、投資計画、保険設計、税金対策など、ライフプランをトータル的にアドバイスするコンサルタントです」

と、最初から、なにかの文書を読みあげるような説明。

四文字熟語が続くかと思えば、横文字の連続。しかも、そのあとに続いたのは、キャッシュフロー、コンプライアンス、ベネフィット、リスクマネジメント、バランスシート……と、やはり横文字連発の商品説明でした。

こういった**横文字説明に拒否反応を覚えてしまう**のは、私だけではないでしょう。

なぜなら、いくら流暢で完ぺきな話し方でも、その言葉には、〝心〟が込められていないからです。

「〝自分〟が伝える」ことを優先して、聞き手への心遣いがなく、「〝相手〟にわかって

もらう」という、いちばん大事な目的が、すっぽり抜け落ちているのです。

「私は、お客様の一生を通して、お金に関するすべての相談窓口になりたいと考えています。貯金や保険、投資、税金など、なんでも任せてください！」

というように、**多少舌足らずでも、力強く、自分の言葉で伝えたほうが、どれだけ相手の心に響くでしょう。**

結局、このファイナンシャルプランナーとは、契約をすることはありませんでした。

相手のことを考えていない話し方では、保険のことをお願いするときも、親身になってもらえないような気がしたからです。

「話し方」は、その人の「考え方」です。

「説明」は、自分のためではなく、相手のためにするもの。「自分が伝えること」よりも「相手に伝わること」、理解してもらうこと、納得してもらうことが目的です。

私たちの話は、自分が思っているほど伝わってはいません。

だから、相手の目線に合わせて、自分の言葉でわかりやすく話すこと。

相手の表情を見ながら、理解してもらえているか、確認しながら話すことが大事。

話し方の技術以前に**大切なのは、「相手にわかってもらおう」という気持ち**なのです。

ワンランクアップ 愛される人のテクニック

1 区切りのいいところで「ここまで、よろしいですか」と聞く

伝わっているかの確認を

要所要所で「わかりますか？」「ご理解いただけましたか？」と聞いて、相手の反応を見ましょう。わかっていなければ、別な方法や噛み砕いて説明することも必要。一方的に話すのではなく、話す側と、聴く側の呼吸を合わせていくことが大事。

2 文章はできるだけ短く区切る

短い文は印象に残り、わかりやすい

話す側は、長文が気にならなくても、聴く側が長文を理解するのは集中力が要り、疲れるもの。特に「〜ですけど、〜と思いまして……」というように、文章が2つも3つもつながっている文は、どこがポイントなのか、なにが言いたいのか、わからなくなります。前にも書きましたが、できるだけ短い言葉で歯切れよく話すのが印象に残り、わかりやすい説明のコツ。

3 自分が理解できていないことは話さない

自分の言葉で伝えることが大事

世間で流行っている言葉や、よく使われている横文字などを、そのまま理解せずに使っている人も。人から聞いた情報、なにかからの情報、人が書いた原稿を伝えるにしても、自分でよく理解していることが大切。自分がわかっていないことを、人にわからせることはできません。話し方には、理解度が表れるからです。

4 相手の表情をバロメーターに

ひとり暴走にストップ

相手の表情を見ず、ただ一方的にしゃべっていると、相手が理解しているのか、どんな気持ちかもわからなくなります。聴き手のうなずきや、目の動きも確認しながら、話を進めて。表情に違和感をもったら、「わかりにくいですか？」と言える余裕が必要。

残念な人の「説明」

説明が理屈っぽく、一方的に押し付ける人

「わかりますか？ これを買わないなんて、すごいでしょう。おかしいですよ」

よく営業の説明でありがちなのが、一方的な理論攻めにして、商品やビジネスを正当化する人。こんな人には「欲しくないんです」という感情論は通用しません。「なんで、良さがわからないんですか？」と責められ、さらに詳しい理論で説得しようとしてきます。でも、本当は不安材料があるから理論攻めで自己防衛しているのかも。まともに相手にせず、距離を置くのが得策。

6

説明2

なぜ、彼女の説明にはいつも説得力がないのか?

説得力に必要なのは「熱意」と「論理」

ちゃんと話しているようで、なぜかあの人の話し方は説得力がないという人はいませんか?

たとえば、同僚のAさんが、こんな話をしたとしましょう。

「駅前のお弁当屋さん、とっても人気なんですよ。すごくおいしくて安いから、お客さんがいっぱいなんです。外食ばかりだと野菜不足になるじゃないですか。だから、お弁当屋さんって、ありがたいですよね」

この話を聞いた人のなかには、コンビニ弁当やチェーン店のお弁当を想像して、「売っているお弁当って、大方、野菜が少ないじゃないの」と思う人がいるかもしれません。心優しい人は、「あぁ、そこのお弁当は、野菜入りなのね」と行間を読んでくれるでしょうが、その情報が、すっぽり抜けてしまっているため、話の筋が通っていない。

つまり、**論理的でない説明**なのです。

「野菜不足になる」⇓「お弁当屋さんはありがたい」という結論も、すべてのお弁当屋さんがそうであるかのようで、少々乱暴です。

「そのお弁当は、野菜がたっぷり入っているんです。外食ばかりだと野菜不足になりがちですが、こういった家庭的なお弁当屋さんは、ありがたいですね」と、話の流れができていると、「なるほど、それはいいわね」と、だれもが納得するでしょう。

そして、もうひとつ、さっきの話し方に説得力のない原因は、**具体性がない**こと。

「とっても」「すごく」「いっぱい」という抽象的な表現なので、「あなたがそう思っているだけなんじゃない？」と、これまたツッコミが入ってしまうかも。

「駅前のお弁当屋さん、お昼はいつ見ても10人ほど並んでいますよ。しかも幕の内が400円で安いし、味はグルメ女王Bさんが『☆5つ』をつけるおいしさです」

こんな具体性があれば、「10人も並んでいるっていうし、Bさんが言うなら間違いないわね。じゃあ、私も行こう」という人も現れるでしょう。

「相手に理解させる説明」「納得させる説明」が目標ですが、さらにレベルが高いのは、「相手に行動させる説明」。

そんな説得力のある説明には、**相手の感情に働きかける〝気持ち（熱意）〟と、理性に働きかける〝論理〟が必要**なのです。

POINT!★説明には「具体性」と「客観性」をもたせる

ワンランクアップ
愛される人のテクニック

【説得力のある論理的説明のコツ】

1 具体的な数値を示してリアル感を

数、量、金額、割合、距離、時間……

説明のなかに、数字を盛り込むだけで、説得力は一気に増します。視覚に訴えたほうがよければ、グラフや表、図を活用して説明するのもいいでしょう。「10人のうち、8人がB案よりA案に賛同しています」という多数決の論理もわかりやすく、効果的。

たくさん！と言うよりも、→ 14人も

少し と言うよりも、→ 3人ほど

2 「ここからは、私の意見です」

事実と意見は切り離して最小限に

「当然、そうなるとは思っていましたが、結果はCです」というように、自分の感情や考えを混同すると、説得力はなくなります。「結果はCです。ここからは、私の意見ですが……」と、事実と意見を切り離して伝えると、感情論でなく、正当な論理になります。また、考えや意見を述べるときは、「私は～と思います。なぜなら～だからです」というように、その「理由」「判断基準」「根拠」を示すことが必須。

事実 → 事実

切り離して

私の意見 → 私の意見

3 「いい点は…、悪い点は……」

❖プラスとマイナスを分け、どちらも伝える

「Dの特徴は、〜で、〜で、〜は不安材料で〜」と、いい部分も悪い部分もごちゃ混ぜに説明すると、聴く側もポイントを整理できません。

「Dのいい点は……。一方、悪い点は……」と、プラス・マイナスを分け、両面からの視点で話すとすっきりし、信頼できる説明に。

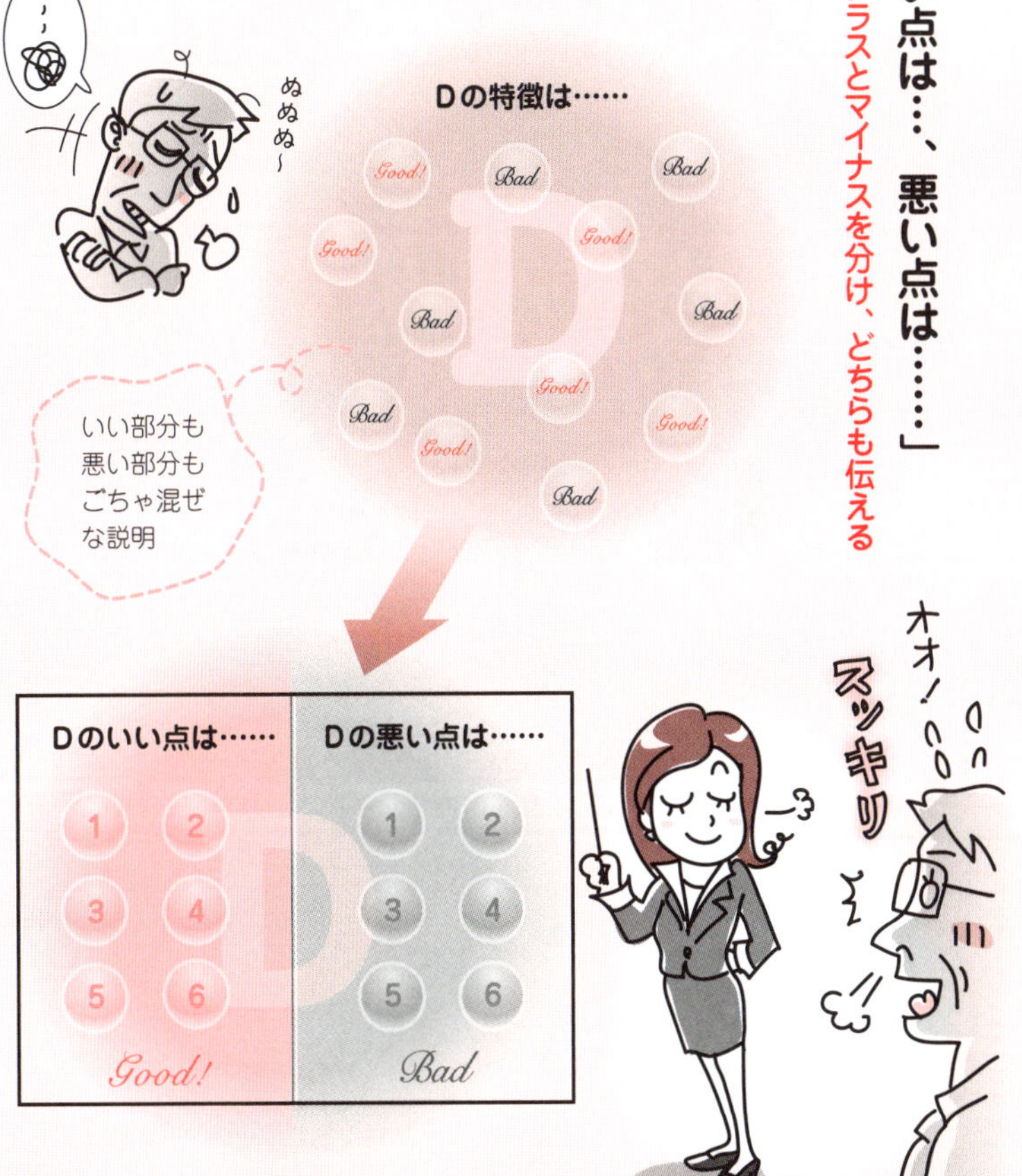
ぬぬぬ〜
Dの特徴は……
Good!
Bad
いい部分も
悪い部分も
ごちゃ混ぜ
な説明
Dのいい点は……
Dの悪い点は……
1 2 3 4 5 6
Good!
Bad
オオ！
スッキリ

4

情報は多角的に集めたものを伝える

一方向からだけでなく多方向から検証

「Eさんによると、～らしいです」「うちの部署の女性社員はみんな、～にちがいないと言っています」というように、狭い範囲、一方向からだけの情報では「本当にそう？ 偏っていない？」と疑問がわいてきます。情報は多角的に集めて、正当性を高めましょう。

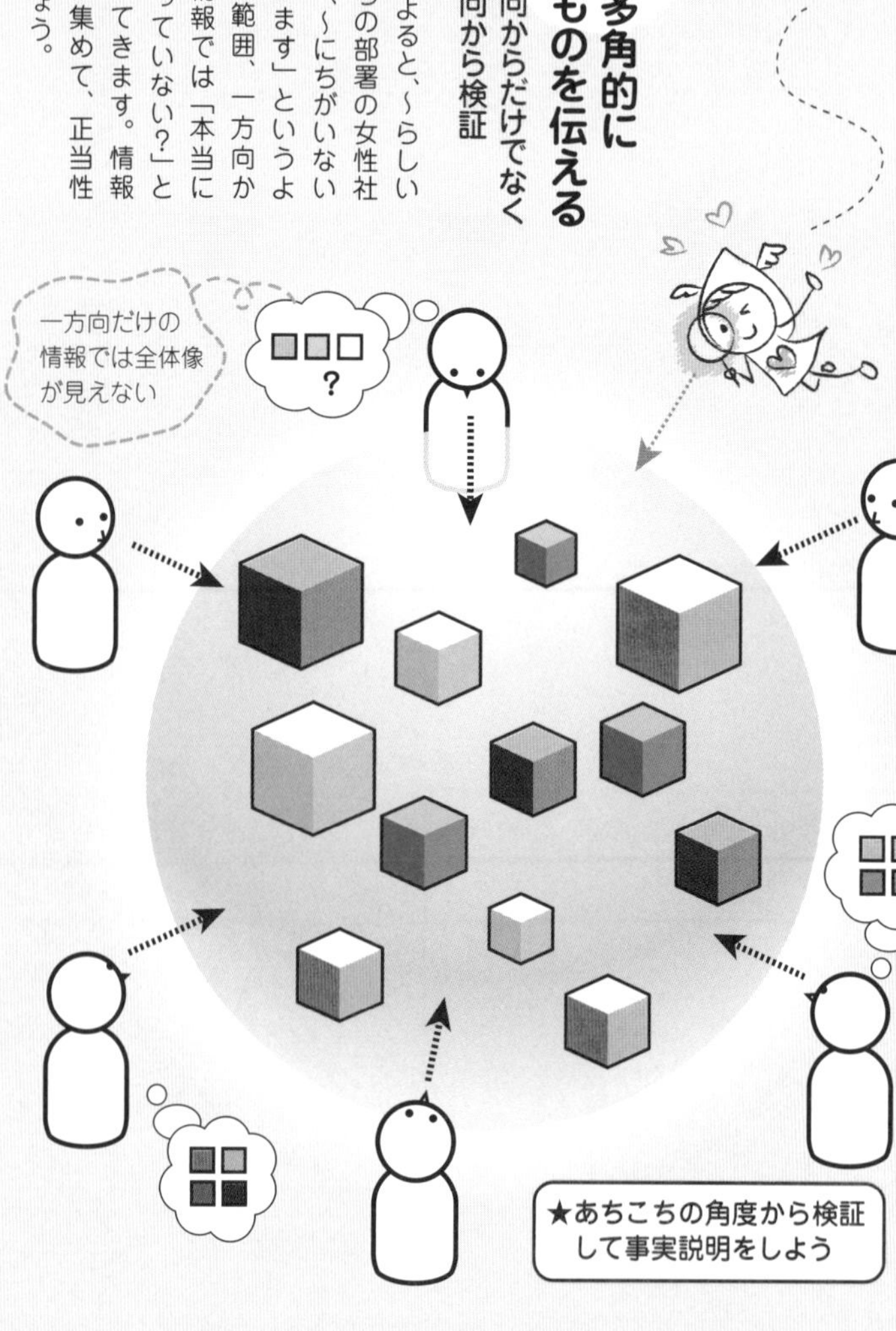
一方向だけの情報では全体像が見えない
?
★あちこちの角度から検証して事実説明をしよう

5 相手がメモをとりやすいような説明に

「大事なことは3つあります」

「したがって……」「だから……」と言うと、相手は「⇒」を用いたり、「結論は……」と言うと、○で囲んだりして、メモをとりやすい。「大事なことは3つあります」「理由は2つあります」と、最初に伝えると、聴く心構えができて、内容を整理しやすくなります。メモをとりやすい説明であることは、聴きやすい説明であるということです。

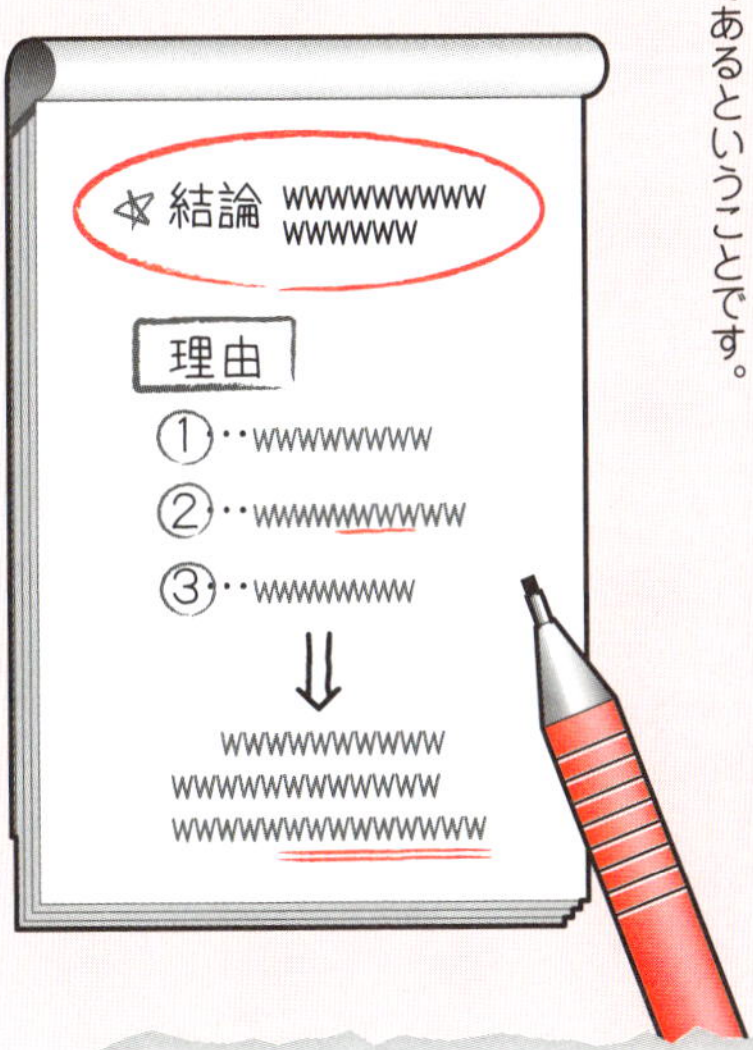

残念な人の「根拠」

明確な根拠や理由を伝えず、説明する人

「A社はよくないです。なんとなくそんな気がします」

「なんとなく、そう思う」「どういうわけか、そう感じた」という直感的なものは、当たっていることが多いもの。しかし、よほど信頼されている人なら別ですが、ビジネスの説明の場でこういった表現を使うと、信憑性がガクンと下がってしまうもの。意見や断定には明確な理由づけが必要。また、「自分はなぜそう思うのか？」をよく考えてみると、判断材料があるのかもしれません。

活用！ 説明メモ

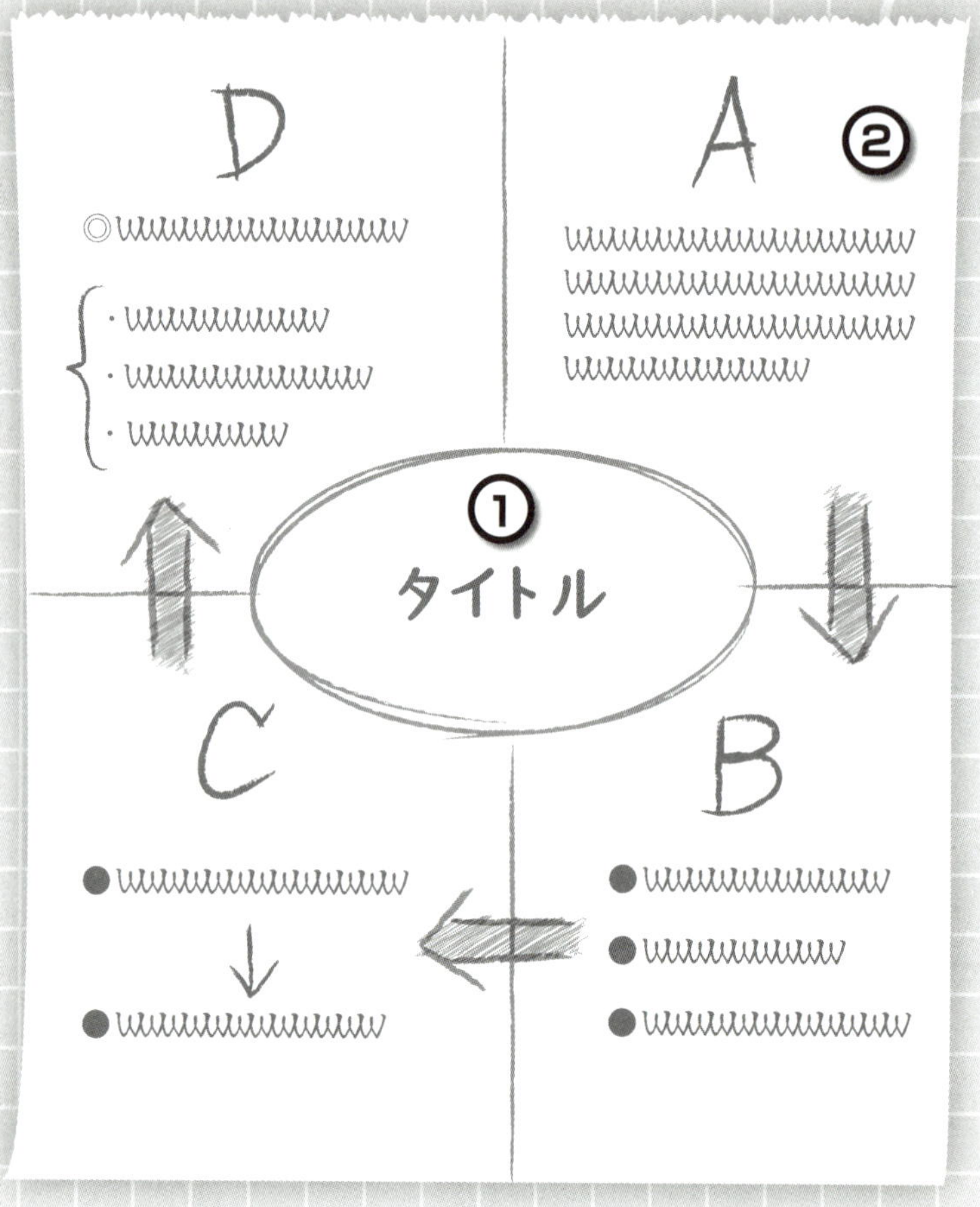

▲構成を考えるとき、ノート、メモ帳を上の図のように区切ってポイントを箇条書きにすると、頭が整理できます。説明だけでなく、スピーチ、作文、手紙など、すべての構成にも使えます。

【説明メモを使った構成づくり】

① 説明にタイトルをつける（一文で表現）

ポイント

★「だれに、なんの目的で伝えるのか？」をベースに、相手の立場から「なにがいちばん聞きたいのか」を考え、タイトルを決定。

（例1）「プランXで月間売上を2倍に伸ばす！」
（例2）「商品Yで、作業時間を半分に短縮」
（例3）「作業にかかる日数と、その内容」

★最初に「～の話をします」「結論から申しますと、～です」と話の全体像を伝えることで、理解度が高まります。このタイトルから話がずれず、まとまるように説明。全体像を出して「は？　なんのこと？」となるような場合は、話す理由や背景など最小限のことは説明して。

② 内容を4分割して、タイトルへの説得の「筋書き」をつくる（内容によっては3分割でもOK）

（例1）A 結論⇒B 原因⇒C 経緯⇒D 意見
（例2）A 現状⇒B 問題発見⇒C 問題分析⇒D 提案
（例3）A 課題⇒B 解決策1⇒C 解決策2⇒D 結論

ポイント

★「結論はA。なぜならB。そうなった経緯はC。私の意見としてはD」「現状はA。問題はB。なぜならC。よってD」と、話の流れがつながるように構成。

③ 最後に話の全体をおさらいする

ポイント

★「もう一度、結論を述べます」「まとめます」「整理します」など、要点をまとめて締めます。

7 なぜ、男性と女性の話はすれちがうのか？

＊男性は論理的な話し方、女性は情緒的な話し方

男性と話をしていて、女同士のようには「うまく伝わらないなぁ」「気持ちを読んでよ」などと思ったことはありませんか？

男性は、言葉をストレートに受け取るため、言葉の裏にある微妙な心理を読みとるのは苦手。まわりくどく言うと「だから、なに？」、あやふやな言い方をすると「正確に言って」とイライラさせてしまうことになります。

男と女には思考パターン、行動パターンのちがいがあるため、話し方がちがうのは、当然のことなのです。

古来、男は狩りに出かけ、獲物をしとめるのが、最大の目的でした。その目的に向かって作戦を練り、計画を立て、変化していく状況に対応し、問題を解決してきました。

だから、男性の会話は、

「あっちにいい獲物がいるぞ。挟み撃ちしよう」

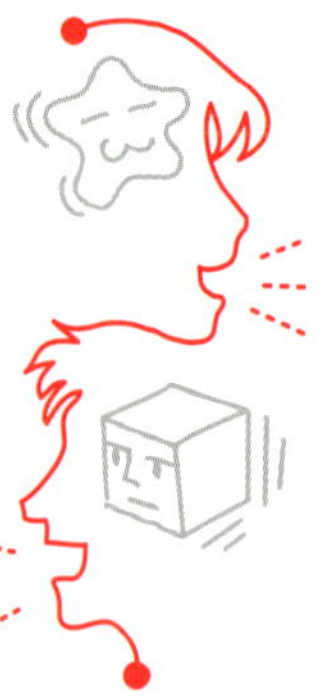

「嵐になりそうだから、このへんで撤退しよう」

といった伝達や問題解決をするために、**論理的で、情報に裏付けされた正確さ**があり、「怖いよー」「嫌だよー」といった**マイナスの感情は出さない**ようにします。

一方、女たちは、男たちが狩りに行っている間、家を守り、子どもを産み育ててきました。お互いに協力しなければ生きていけないため、とにかく仲良くなることが大事。

「最近、雨が多くて、干物ができないわね。今日の晩御飯、なににしようかしら」

「あら。素敵なお洋服！　新作？　あなたに、とってもお似合いよ」

などと、たわいない会話を繰り返して、**〝共感〟でつながってきた**のです。

だれかが「困っちゃう」「つらいわー」と気持ちを吐露すれば、お願いや指示をしなくても、「わかるわ」「それは大変」といたわり、みんなで協力して助け合ってきたのが女性。仲良くなるためのコミュニケーションが得意で、「自分の気持ちを話したら、すっきり」と会話自体が目的であることも多いものです。

人間関係を築くためには、女性特有のコミュニケーション力が活躍しますが、**仕事で目的達成や問題解決をするためには、男性特有の論理的な話し方が必要**とされます。

それぞれの特徴や、ちがいをわかっておけば、場面、場面で、効果的な話し方をすることができるでしょう。


POINT!★男性と女性が期待する話し方を理解する

「男性と女性の話し方」の特徴

男性の話し方	女性の話し方
論理的	情緒的
ストレート（直接的）	遠まわし（間接的）
目的は問題解決	目的は共感・人間関係
結論が大事	会話自体が大事
縦の関係を重視	横のつながりを重視
データや情報を分析して満足	細かく説明することで満足
言葉が足りなくなりがち	無駄な言葉が多くなりがち
必要なのは「自分を尊敬してくれる人」	必要なのは「自分をわかってくれる人」

※男性も女性も、両方の特徴を潜在的にもっていて、個人として、どの特徴が強く引き出されているかの問題

残念な人の「反論」

結果でなく、経過でものを言う人

「私だって がんばっているんです！」

「できていない」と言われて、「私はやりました」「がんばりました」「どうして、それを認めてくれないんですか？」など、経過を見て！という言い方をする女性は多いもの。でもビジネスの場、特に男性社会では結果がすべて。どう伝えても、言い訳のように思われ、「だって、できないじゃないか」と再度、言われることに。経過が認められるのは、結果が出たときだけと心して。

嫌みや皮肉への切り返し方

職場やご近所、ママ仲間、サークルなど、どこにでも嫌みな人はいるもの。相手は、言葉は丁寧ながら、気持ちは戦闘モード。自分の気持ちをぶつけたいだけなのです。だから、まともに相手にせず、戦わないこと。「うぐッ……」と顔色を変えて落ち込んだり、「そんなことないです！」とムッとしたりすると相手の思うツボ。冷たいようですが、**相手の感情を無視して、汚染されないようにしましょう。**「ええ、まぁ」「すみませーん」「そうですか」と最小限の切り返しで、さらりとかわして、普段は友好的に。「この人には嫌みは通じない」と思ってもらったら、こちらの勝利。深刻ないじめのようになっている場合は、「ひどいじゃないですか！」と相手を責めるのではなく、「私、傷ついちゃいました」と自分の気持ちをさらりと伝えるといいでしょう。

ワンランクアップ

「仕事ができる！」と思われる ❖男性への話し方のポイント❖

1 なにをしてほしいのか、目的をはっきり伝える

❖「○○さんに～をお願いしたいんです」

男性にとっては、自分の役割を全うすることがすべて。それが見えない会話は、「結論はどこ？　オレはなにをすればいいの？」と理解不能（よほど、女性の心理を読める男性でなければ）。先を読むことも、言葉の裏側を読むことも相手にとっては難しいと認識して、「結論」「どうしてほしいのか」を明確に。結論が出ていない場合は、最初に「結論はまだですが、思ったことを話します」と言うと、男性も納得して聞く態勢になります。

2 数字やデータを使って、論理的に話す

❖簡潔にわかりやすく要点をまとめて

「情報を正確に伝達し、正しく分析すること」を仕事のモットーとしている男性にとって、抽象的な表現は信用できないもの。「説明2」でも書きましたが、信用できる数字やデータで具体的に。「～っぽいです」「～みたいです」というあいまいな表現も、できるだけ避けて。

3 自分の感情は最小限にする

❖怒りや、いじけモードは排除

どんなに仕事ができても、ネガティブな感情が見え隠れすると、「だから、女は～」なんて言われかねません。「好き・嫌い」「やりたい・やりたくない」「納得する・納得しない」などの感情は切り離して。

また、男性は責められると、防御するために、相手を責め返そうとする生き物。「逆ギレ」は自然な成り行きです。「あなたは～」でなく「私は～してほしい」と、自分を主語にして伝えて。

4 相手へのリスペクトを伝える

❖「称賛」「尊敬」はなによりのご褒美

男性にとって、女性から認められるのは、なによりうれしいこと。いいところは、どんどんほめて、リスペクトを示しましょう。「立派な人」「仕事ができる人」として扱えば、そうなるようにがんばるのが男。そして、そんな女性は、男性にとって大事な存在になります。「さすが○○さんですね」「△△さんのそういうところ、尊敬します」とストレートに。

5 「思いやり」や「やさしさ」をにじませる

❖男性への武器は「やさしさ」で

男性がいちばん弱いのは、女性のやさしさ。相手が困っているときは、「なにか手伝いましょうか」「これはやっておきます」とフォローする姿勢を見せたり、頑張っているときは、「○○さんなら大丈夫です」と激励の言葉をかけて。男性と心を通い合わせるためには、「やさしさ」を含ませることがいちばんです。

ワンランクアップ

「頼りがいがある！」と思われる 女性への話し方のポイント

1 ときどき声をかけて、会話の機会を多く

基本は〝共感〟する仲間関係

女性は、気持ちを共有することで、つながる生き物。「お菓子、食べますか？」「その服のセンス、いいですね」と、なんでもない会話をすることで打ち解け、情報を回したり、フォローし合ったりする〝仲間関係〟に。仕事でも「なにかあった？」「大丈夫？」などと声をかけ合って。ただし、悪口、愚痴でつながるのはダメ。

2 適度な距離感を大事にする

「友情」より「信頼」

女性同士、仲良くすることは大切ですが、職場での人間関係の目的は、いい仕事をするため。人間関係そのものが目的の〝友情〟ではなく、仕事では〝信頼〟関係をつくることが大事と、切り離して考えるほうがいいでしょう。

相手が求めてもいないのに、信条やプライベートに入り込むような、余計なお世話は禁物。仕事を円滑に進めるために、さらりとしたほどよい距離感を見つけましょう。

3 相手の感情に惑わされず、深読みをしすぎない

ネガティブな感情に汚染されない

他人のイライラや、ジメジメした感情は伝染するもの。なかには他人に当たってくる人もいますが、適当にかわして、自分はできるだけ、いい気分でいることを心がけましょう。女性は、いろいろなことに気が回り、細かいことに気づくため、つい「いまのは、どういう意味？」「なにか悪いことした？」と深読みしがち。直接、言われていないのなら、深刻にならず、聞き流して。

4 適度に自己主張する

大事なポイントでは意思表示

人間関係の摩擦を生まないよう同調するばかりで、自分の意見を言わない女性もいますが、それでは「自分がない人」と思われ、存在を軽視されてしまいます。

自分の意見があるときは「私は〜と思います」とあっさり伝えたり、質問や相談を積極的にしたりして、一目置かれる存在になりましょう。それが否定されても、自分の意見を伝えたことで、結果はよしとして。

5 話をまとめる

「そろそろ、まとめましょうか」

女性同士で会議やミーティングをすると、話があっちに行き、こっちに行きして、話がまとまらないことが多いもの。そんなときは、「本題に戻りましょう」「そろそろ、まとめましょうか」と、道案内する役目が必要。時間を決めて、自由奔放にアイデアを出すブレーンストーミングをした後、まとめていく手法も、女性には効果的。

8

連絡

トラブルを招かない、できる人の連絡のポイント

＊ほどよい緊張感と確実な伝達

「会議のこと、伝えましたよね？」

「え？　聞いていないよ」

「今日の午後から会議って、先週ちゃんと言ったじゃないですか」

「午後とは聞いたけれど、時間は聞いてないから、てっきり流れたのかと思ったよ」

自分はしっかり伝えたはずなのに、相手は聞いていないと言う。自分が伝えたことと、相手が受け取ったことが食い違っている……。そんなトラブルは、よく起きるものです。

連絡の問題は、起きやすいと認識して、未然にトラブルを防ぐ伝え方をすること。**自分が「伝えること」ではなく、相手に確実に「伝わること」が、〝連絡〟**なのですから。

言った、言わないでもめないためには、**口頭で伝えた後、メモを渡す、メールを送るなど、記録に残しておく**ことです。特に、面談などの時間や商品などの個数、お客様の名前など、大事なことに関しては、必ず口頭と文書の二段構えで伝えるべきでしょう。

そして、話し方にも注意が必要。必要事項を伝えるだけの連絡のようですが、もうひと言あれば……ということがあります。

「○○さん、A社から、T商品を300個発注したいと連絡がありました。納期は1週間後で、配送先は〜と〜、個数を100個と200個に分けて、入金は……」

と、デスクの向こうからいきなり言われても、相手は聞く心構えも、メモの準備もなく、ほかの作業をしている途中だったりすると、とりあえず、「あ、わかりました」と答えて、忘れてしまうことがあるものです。

「○○さん。A社からの発注の件でご連絡があるのですが、いま、お時間よろしいでしょうか」と前置きすると、相手もしっかり聞こうという態勢になります。

必要事項を伝え、メモを渡して「うまくいって、よかったですね」などと、気の利いたひと言を添えると、「ありがとう。A社は発注まで時間がかかったけど、よかったよ」などと、〝連絡〟が〝コミュニケーション〟にもなります。

連絡を受ける側になったときの対応も丁寧に。メモをとり、「復唱してもいいですか？」と確認すると、伝える側も「ちゃんと伝わった」と安心するでしょう。

「確実に伝えます」「確実に受け取りました」という、ほどよい緊張感をつくることが、トラブルを防ぐ連絡の前提条件なのです。

POINT!★重要事項は、口頭と文書の二段構えで

ワンランクアップ 愛される人【連絡】のテクニック

連絡を受けるとき

●メモをとる
（メモをとるだけで誠実さが表れる）

●復唱して確認
「復唱してもよろしいですか」

●相手からメールをもらったら即返信
「受け取りました」
「お返事は2、3日お待ちください」

残念な人の「連絡」

留守電やメールで連絡しても、放置して返信しない人

「特に問題ないから連絡しなかったけど、なにかありました？」

留守電やメールでの連絡は、返事があるまでは、「ちゃんと伝わったかな」と不安が残るもの。「受け取りました」「連絡ありがとう」のひと言で信頼は生まれます。「様子を見て返事をしよう」と放置していると、相手を苛立たせてしまうことも。まずは「留守電聞きました。結果はもう少しお待ちください」などの一報を。返信しない人が仕事関係者でいる場合は、連絡が届いたことを伝え合うルールをつくって。

キラリ

「できる！」と信頼される連絡の流れ

話しかけ

●必ずメモを作ってから連絡

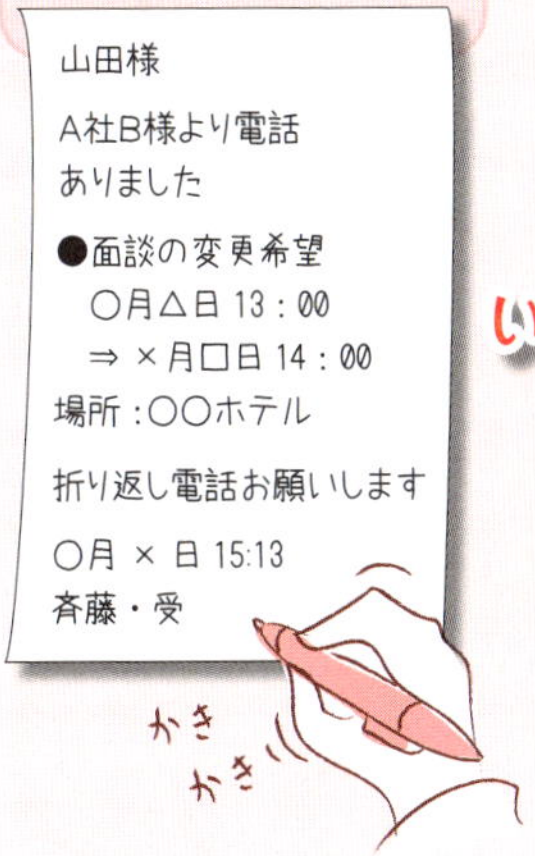
山田様
A社B様より電話
ありました
●面談の変更希望
○月△日 13：00
⇒ ×月□日 14：00
場所：○○ホテル
折り返し電話お願いします
○月 × 日 15:13
斉藤・受
かき
かき

「○○さん。～についてご連絡があるのですが、3分ほどお時間、よろしいですか」

●相手のタイミングを見て、できるだけ早めに

●時間がどれくらいかかるか伝えると、相手も安心

●「なぜ連絡をしているのか」目的をはっきり伝える

いちばん大事なポイント

●相手が聞きたいこと、いちばん重要なことを冒頭に

詳細

●相手がメモをとりやすいように、要点を整理して（5W1Hの必要事項を明確に）

相手に伝わったか確認

●相手が復唱をしないときは、自分がポイントを復唱し、相手に伝わったかの確認（特に急な電話連絡の場合、確認は必須）

ちょっとしたひと言

●「がんばってください」「よろしくお願いします」など、あくまでもさりげなく

●連絡事項のメモを渡すか、追ってメールで（文書に残す）
※ほとんどの連絡をメールでしようとする人もいますが、**大事なことは「口頭＋メール」で**

9

相談

信頼されて愛される相談の仕方があった

＊友だちとの相談と、仕事での相談はちがう

「仕事のことで、ちょっと相談があるんですけど……」

と、同僚や後輩から言われて、話を聞いたところ、まるで友だちにする愚痴話のような、まとまりのない話を延々と聞かされたことはありませんか？

相談をされると、「私って信頼されているのかしら」と、内心うれしいものです。「なんとか解決してあげたい」と力も入ります。

でも、愚痴を言いたいだけだったり、問題の根本的な原因が本人もわかっていなくて、ただ「困っているから、どうにかして」と、解決を委ねるだけの相談だったりすると、「甘えるなー！」と言いたくなってしまいますね。

「～のことで困っています。私としては、～したいと思っているんですが、○○さんは、どう思われますか」

と、自分でも前向きに解決策を考え、解決のポイントが見えているようであれば、

「それはいいと思うけど、〜に気をつけたほうがいいわね」

と、建設的なアドバイスができるものです。

または、仕事の実務に関する問題で、

「X企画を考えなきゃいけないんですけど、私じゃ無理。一緒に考えてもらえますか」

などと相談を受け、企画の最初からアイデアを出すことを求められると、「これは、あなたの仕事なんだから、まずは自分でよく考えて」と言いたくもなるでしょう。

「自分で、こんな企画を考えてみたんですけど、意見を聞かせてください」

「A案とB案を考えてみました。どちらがいいと思われますか？」

と、ある程度、自分で考え、まとめた上での相談であれば、

「よくここまで考えたわね。方向性はまちがっていないわ。あと〜を付け加えたら？」

と、逆に信頼されて、一歩進んだ有意義な相談になるのです。

相談される側は、忙しい時間を割いて、力になりたいと思っています。できるだけ短時間で、いい意見を引き出すために、話し方も工夫することが大事です。

相談は、頼ったり頼られたりすることで、気持ちが通い合い、人間関係を築くきっかけになります。自分の思い込みで進めると、「ひと言、相談してくれたらよかったのに」となることもあります。相談は、積極的にするようにしましょう。


POINT!★仕事の相談は、よく自分で考えてからもっていく

ワンランクアップ 愛される人【相談】のテクニック

1 情報をまとめ、自分でも考えてから相談

相談はまず「伝える」ことから

解決策がはっきり決まっていなくても、問題になっている原因や、自分でできることなど、周辺情報をまとめ、自分なりに解決策をよく考えておくと、相手もよく理解ができ、建設的なアドバイスがもらえます。「真剣に考えているのね」と思われれば、親身になる気持ちもアップ。

あの、相談があるんですけど、これで答えてくれれば……
いやいや普通に相談のるって！

2 どんなふうに相談されたら答えやすいか工夫する

ポイントを絞ると、答えやすくなる

いくつかの案を出して、選択肢で答えてもらったり、「この点については、どう思いますか」とポイントを絞ったり、「お客の目から見たら、どうでしょう」と視点を設定してみたりして、相手が答えやすい工夫を。また、相談のなかに、感情を入れ込みすぎると、公正な目でアドバイスしにくくなります。感情は最小限に。

3 自分の考えが大方まとまっている場合は、確認の相談

「これで、合っていますか」

「相談があります」と言って最初から相談しようとすると、だらだらと長時間かかってしまうことも。自分の考えが大方、決まっている場合は、「これでよろしいでしょうか」「問題はありませんか」と、「YES」「NO」で答えられるように。これだと数分で済み、確認も得られたことになります。

あの、また相談が……
だから普通にのるって！

残念な人の「相談」

いろいろな人に相談して嫌われる人

「相談するのは、○○さんだけです」

自分だけに相談してくれたと思って、あれこれ考えたのはいいけれど、同じ相談を、ほかの人にもしていたことがわかるとおもしろくないもの。相談する側は、一つの相談に一人が基本。納得のいく答えを得られなかったら、「では、○○さんにも聞いてみますね」とひと言、仁義を切って。

ひょっとして君も？
が！

10

質問

イメージをもつと、的確な「質問」が出てくる

＊「質問力」が「仕事力」を高める

なにかの説明やプレゼンを聞いたあと、

「わからないところはありませんか？」

「なにか質問はありませんか？」

と言われて、黙ってしまう人は多いでしょう。

「わからないところが、わからない」「なにをどう質問していいかが、わからない」という状態だと思うのです。

説明したほうは、まったく質問が出てこないと、理解度がわからず、「本当に大丈夫？」「ちゃんと、伝わっている？」と、不安になってしまうものです。

なぜ、質問が出てこないのか？

それは、相手の話を右から左に聞くだけで、「自分がこれをやるとしたら……」「この企画が現実になったら……」と、**イメージが浮かばす、自分のなかに落とし込まれてい**

ないことが原因なのです。

自分のこととして、できるだけリアルに想像力を働かせると、理解できない点や、疑問点は、次々とわいてくるはずです。

説明をすべて肯定的に聞いて、「そうか、そうか」と納得しながら、頭のなかで映像化するといいでしょう。そのなかで「ん？　いまのは、理解できなかった」「ここは、どうするんだろう」と引っかかる点があれば、その都度メモして、後で質問すればいいのです。

また、実際に仕事をしていれば、必ずわからないことは出てきます。

疑問点が出てきたら、すぐに質問することです。

「こんなことを聞くのは、恥ずかしい」「あの人には聞きたくない」と、自分の感情を優先して、わからないことをわからないままにしておくと、仕事は進まず、適当な自己判断で仕事を進めてしまうと、後でやり直しをすることになりかねません。

仕事上で、質問をする目的は、「いい仕事をすること」にあるのです。それが最優先。

仕事で、質問を多くする人は、愛されます。

わからないことを「わからない」と言える人は愛されます。

それは、周りに、やる気と素直さをアピールできるからです。

POINT!★疑問点が出てきたら、すぐに質問。ただし自分でも考えてから

ワンランクアップ 愛される人【質問】のテクニック

1 気になることがあったら、すぐに質問する

聞く相手を適切に選ぶのもポイント

勘ちがいや、時間的なロスを生まないためにも、気なる点は、すぐに聞いて、問題解決を図りましょう。ただし、だれに聞くかもポイント。質問に関する仕事を共有している人がいれば、その人に。そうでない場合は「この人なら、きっと知っている」という身近な人から聞くのがいいでしょう。「○○さんなら～の担当だったので、ご存じかと思いまして」などと、質問した理由を最初に説明すると、相手も納得します。

残念な人の「質問」

会議などで一度にたくさんの質問を盛り込もうとする人

「5点ほど質問があります。1点目は……、2点目は……」

いっぺんにいくつも質問をすると、答えるほうは「次の質問はなんでした？」と忘れることがあります。相手が理解できる1つの質問に絞って。2つ以上あるときは、回答をもらってから、再度聞くのもあり。

2 頼まれたことは、やってから質問する

❖やって出てくる疑問点もあり

質問はすぐにといっても、「このエクセルデータを、表にして」「え？　表ってどんな表ですか？」「普通の表だよ。やってから聞いて」となることもあります。すぐにできそうなことは、やってみて、質問の要点を絞りましょう。やってみると新たな質問が出てくることもあるので、質問はまとめて。

3 想像力をあれこれ働かせて、5W1Hで質問する

❖「Why」「What」「How to」「Who」「Where」「When」

イメージから質問するときは、「なんのためにするのか（Why）」「最終的な状態（What）」「どんな手段でやるのか（How to）」の3つのポイントを中心に考えると、質問がわいてきます。質問が解決し、具体的にイメージできるようになると、仕事は進めやすくなります。

☆仕事を完成させるときは、この図でイメージを整理

「What」
「どんな状態にするのか」
（最終目標）
「Why」
「なんのためにするのか」
（原因・理由）
「How to」　「どんなふうにするのか」
「Who」　「だれがするのか」
「Where」　「どこに」「どこまで」
「When」　「いつ」「いつまで」

11

意見

なぜ、あの人の意見は通らないのか？

人は理屈よりも、感情を優先する

「正しいことを言っているのに、なぜか意見が通らない」という人がいます。

一方、「なぜか、あの人の意見には、みんなが従ってしまう」という人がいます。

テレビで、好感度絶大の大御所タレントが「それは、おかしいよ。○○は、~すべきだね」などと言うと、日本中で「そうだ、そうだ」とうなずいている、たくさんの人がいるはずです。人は、理屈よりも感情で動くのです。

しかし、好感度の高いタレントでも、発言力のある立場でもない私たちが、自分の意見に説得力をもたせようとするなら、いくらかの条件が必要です。その条件とは……。

1　信頼されているか

信頼は、一朝一夕に築けるものではありませんが、それほど難しいわけでもありません。「あたりまえのこと」をあたりまえにすればいいだけです。約束や時間を守らない、やったことをしないなど、あたりまえのことができないから、人は失望するのです。

大きなプラスはなくても、目立ったマイナスがなければ、信頼は築けるはずです。

2 その意見に、明確な根拠があるか

意見を言うときは、その根拠をセットにして伝えることが必須です。「ただなんとなく、そう思うから」では、根拠になりません。〝相手にとって〟の説得力のある材料を、どれだけそろえられるかがカギ。相手の求めるポイントがわかっていて、「なるほど、それはいい」と言わせられたら、意見は受け入れられるでしょう。

3 相手を否定していないか

人は、否定された相手には、なかなか素直になれないもの。「それは、まちがっています」と、自分の論理で相手をねじ伏せるような言い方だと、どんなにいい意見であっても、逆に、なにかとケチをつけられ、否定されてしまいます。正論を振りかざすのもよくありません。「普通はそうでしょう」と、だれも反論できなくなる正論を言う人は、相手に対して、多くの味方をつけたように優位な立場に立っています。でも、〝反論〟はできないけれど、「それはそうだけれど……」と〝反感〟をもってしまうのです。相手の話や、対立する意見も肯定的に聞いて、自分の言葉で意見を言うことが大事です。

この3つの条件があれば、意見が通る可能性大。たとえ通らなくても、やる気は認められます。よりよくなるために考えた意見であれば、積極的に伝えましょう。

POINT! ★「意見＋説得力のある根拠」で伝える

ワンランクアップ 愛される人【意見】のテクニック

1 相手の話もじっくり聞いて意見する

「そうですね。こんな考えもプラスしてはいかがでしょう」

人の話を聞かない人は、自分の話も聞いてもらえないものです。まずは相手の話をよく聞いて、「そうですね」「そんな考え方もありますね」と肯定。反論があるときは、「でも」と逆説でなく、「こんなふうに考えてみました」「～という考えも加えてみては、いかがでしょう」など、意見を付け加える形にすると、反論と思われずに、意見を通しやすくなります。

2 「私は～だと思います」と一人称で伝える

余計なことは考えず、伝えることだけに集中して

「相手の意見と比べて、どっちが正しいか」「周りはどう賛成してくれるか」などと、余計なことを考えると、意見を言いにくくなります。「自分の意見を相手に伝えること」だけにフォーカスして、「私は～だと思います」と一人称で、意見が通るかどうかは後の問題。ポジティブな表情で相手の目を見て、語尾をはっきりと言うと、力強く伝わります。

3 目線を変えて伝えるのも、効果的な意見

「～の立場から見ると～」

相手の意見を肯定しつつ、「消費者の立場から見ると～」「女性の視点で見ると～」と、見方を変えた意見であることを強調するのもひとつの方法。「そんな見方もあるのか」と受け入れやすくなります。ただし、対立したときの、「私の立場から言うと……」は、さらに対立を深めるので、相手目線優先で。

4 断定的な言葉は使わない

❖「絶対」「まちがいなく」「きっと」「必ず」

自分の意見が正しいという自信があっても、他人からみるとちがう可能性も。くり返しますが、「絶対」「きっと」など断定的な言葉を入れると、信頼度が下がります。反対に、「たぶん」「どうやら」など、あやふやな言葉も、頼りなく感じます。余計な修飾語は抜きにして、シンプルに伝えて。

残念な人の「意見」

人の意見にケチばかりつける人

「それはダメよ。私は反対。ぜんぜん違うじゃない！」

人の意見に「良い・悪い」とジャッジを下さなければ気が済まない人がいます。そんな人は〝意見をハッキリ言う自分〟が好き。白か黒かでグレーを認めないことが、格好いいと思っています。周りに「この人には話しにくい」という印象を与え、自分の意見も批判的に思われることに気づいていないのです。こんな人には「では、アドバイスをお願いします」と言って、批判だけでは不毛なことに気づかせて。

12

謝る

正しい謝り方が、あなたの身を守る

“あやまりっぷり”のいい人になる

仕事上で問題が生じて、謝らなければいけない場面は、必ず出てきます。

100%自分が悪いのであれば、当然、謝るでしょう。でも、「半分は、先方にも非があるだろう」というときや、「ほかの人が悪くて、自分は被害者なのに」というとき、「自分では防ぎようもなかった」というときは、なかなか謝りたくないものです。

でも、そんな小さなプライドよりも、どんよりした空気を解消することのほうが先。**謝まれば、相手の気持ちは落ち着き、双方が前向きに進んでいけるのです。**

たとえば、満員電車などで人がぶつかってきたとき、イラッとした経験はだれでもあるでしょう。そこで、ぺこりと頭を下げ、「すみません」と申し訳なさそうに謝られると、「いいえ、大丈夫です」と、返答してしまうものです。謝り方に、「大丈夫ですか？」というような、やさしさを感じられると、「あなたも、後ろから押されたから仕方なかったのよね」「あなたこそ、大丈夫なの？」と相手を擁護したい気持ちにさえなります。

「私は悪くないから」という態度で無言を貫かれると、電車に乗っている間中、イライラは続くかもしれません。気の強い人だと、ぶつかってきた相手をにらんでしまうかも。

謝罪は、気持ちの交換なのです。

そもそも、なんのために「謝る」のでしょうか。それは、〝自分〟が許してもらうためではなく、相手の怒りを鎮めたり、気持ちを癒したりするため。そして、その結果、自分が前に進むためです。したがって、相手の心に届いて、初めて「謝罪」と言えます。

組織の不祥事などで、役員がずらりとならんで頭を下げる映像が、よくテレビニュースで流れますが、それを観ている多くの人が「いいよ、仕方なかったよ」と温情をもてないのは、「私たちは、ちゃんと謝りましたよ」という形を示すばかりで、〝心〟が感じられないから。自分の身を守ろうとする〝保身〟が表れているからです。

私たちの日常においても、「自分を許してもらうため」「自分を正当化するため」の言い訳や、弁解は、相手の気持ちを和らげるためには、なんの役にもたちません。逆に、反感をかってしまうだけ。**相手がほしいのは、潔い〝謝りっぷり〟と、思いやりの気持ち。**そして、今後の対応だけです。相手の目線に立って考えると、**誠実でシンプルに謝ることが、いちばん効果的**であり、逆に自分の身を守ってくれることに気づくでしょう。

ワンランクアップ 愛される人【謝罪】のテクニック

残念な人の「謝り方」

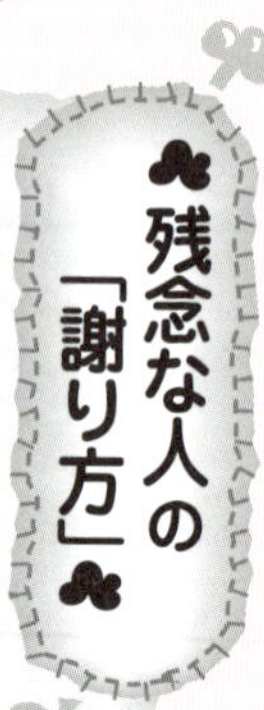

責任転嫁の言い訳をする人

「前任者から聞いていませんから」

「自分は悪くない」と身を守りたいために、「知らなかった」「だって、○○さんが……」という言い訳をする人は多いもの。でも、責任転嫁してはさらに印象は悪くなり、「知らなかったら聞け！」と言われるのがオチ。信頼を損ね、人間関係まで亀裂が入ることが。言いたくてもグッと我慢。見ている人は見ています。頭を切り替えて、これからの対策に進んで。

【反論と反感を最小限に抑える「謝罪」の流れ】

1 まずは言葉と態度で謝罪の気持ちを示す

❖「〜の件でミスがありました。申し訳ありません」

まずは、速やかに謝罪の言葉を。「自分が悪いかどうか」ではなく、どんなことであれ、「相手に迷惑をかけたこと」に対して、誠実に謝る姿勢を見せること。頭を下げ、真摯な態度で。語尾をはっきり言うのではなく、少し沈んで言うようにすると、申し訳ない気持ちと、反省も伝わります。

2 次は、言い訳でなく、経緯・原因を説明する

❖「ミスに至った理由は、～」

次に、「どうして、そうなってしまったのか」という事実関係や経緯を明確に伝えて。自分を守るための言い訳や弁解は不要。また、相手に非があったとしても、相手を責めるのはタブー。ミスやまちがいに至った分岐点を説明して、「自分にも悪いところがあった」と相手に悟ってもらうことです。

3 今後の対応・再発防止

❖「すぐに、～する予定です」

「これから、どうなるんだ」が、相手がいちばん聞きたいこと。すぐに対策を打つ必要があれば、次の解決案、もう済んでしまったことであれば、今後の防止策を。また同じことを繰り返してしまったら、さらに評価を下げることもあります。ミスの後の処理には、全力で取り組んで。

4 最後は、反省と感謝の言葉を

❖「今後、このようなことがないよう気をつけます」「ありがとうございました」

締めくくりは、反省の弁を。また、「ありがとう」は、相手の怒りを鎮める魔法の言葉。「許していただき、ありがとうございます」「教えていただき、～」「話を聞いていただき、～」と、謝罪の最後を、感謝の言葉で締めくくると、素直さや前向きさが示され、「じゃあ、がんばって」となるものです。

13

注意する

相手が自分から動くようになる「注意」

心が通い合っていることが前提条件

人に注意するのが「好き」「得意」という人は、あまりいないでしょう。

私もそうです。20代のとき、いきなり10人以上の部下をもつことになりました。「これは、注意しなきゃいけない」という場面でも、「相手の気持ちを害したら……」「嫌われたら……」と思うと、なかなか注意できず、その気持ちが積もりに積もって、感情的な叱り方をしてしまったり、思いつめたくどい言い方をしてしまったり。

その結果、何人かの部下を泣かせ、逆ギレさせ、後にしこりが残り……と、さらに悪い結果を招くことになりました。そして、「どうして、そうなってしまうのか」と考え続け、ビシバシ叱っても、部下がついてくる尊敬すべき上司などを観察していて、あることに気づいたのです。**注意するためには、「心が通い合っていること」が、前提条件なのだ**と。

日ごろからコミュニケーションがとれていて安心感があり、「一緒に、いい仕事をしたい」という熱意と、「あなたのために言っている」という気持ちが、部下や後輩に伝

わっていれば、素直に聞くことができます。

反対に、「あなたがそんな状態だと、私は困るんです」というような、自分のために他人を叱ろうとする気持ちも、自然に伝わります。

大切なのは、いつも感謝や、認めていることを伝えて、信頼関係を築いていること。「あなたには、もっと成長してほしい」「あなたなら、できるよ」という自分の期待や、相手の可能性を伝えていることが、注意できる人間関係のベースをつくります。

伝え方も大事です。相手を一方的に責める言い方や、相手を否定する言い方をしては、双方に大きな打撃を与えてしまいます。

わかっていなければいけないのは、**人は押し付けでは動かない**ということ。

そして、**自分を否定する人には、決して素直になれない**ということ。

「やれやれ、うるさいから仕方ないな」という気持ちでは、一時的に変わったとしても、またすぐに戻ってしまいます。自分自身で反省し、「これじゃいけないな」「どうにかしよう」と思わなければ、行動は変わらないのです。

相手が自分で考え、自分で動くような言い方をすることです。その伝え方は、次ページで紹介しましょう。

POINT!★注意するときに、信頼と期待をこめる

注意の5ステップ

◉注意する相手や、内容、程度によって使い分けて

1 否定形の注意を、肯定形の依頼に変換

「〜して」「〜するといい」

☆人は否定されるより、肯定されるほうが素直に聞く！

✕「あなた、書類のミスが多すぎるわ」
⇓
○「ミスがないように、最後によくチェックして」

※「スピードはばっちりよ」など、ほめる言葉を最後に添えると効果的

2 相手への期待をこめる

「私は、あなたに〜してほしい」「あなたなら〜できる」

☆期待されると、人はがんばる！

✕「報告を怠ったら、みんなに迷惑がかかるわ」
⇓
○「あなたには、チーム全体のことを把握して、毎日、状況を報告してもらいたい」

※具体的なゴールをはっきり示す

3 「どうしたらいいと思う？」

相手に解決策を出させる

☆自分で考えたことは、自分で実行する

✕「どうして、そんなに時間にルーズなの？」
⇐
○「時間を守るためには、どうしたらいいと思う？」

※相手に具体的な解決策を出させ、それを書いた紙をデスクに貼らせる

4 「あなたは、～の立場だから……」

自覚を促す

☆立場がわかると、自分を律する

✕「こんな初歩的なミスをしちゃダメでしょう」
⇐
○「入社3年目のあなたには、後輩の指導をする立場でいてほしい」

※本人もわかっている過去のミスをつつくより、今後のあり方を説く

5 「このままでいくと～」

最終手段は、危機感をあおる

☆どんな損失があるかがわかると、行動に向かう

✕「仕事を先送りするから、終わらなくなるのよ」
⇐
○「このままでいくと、月の残業が○時間、人件費は○○円の損失になるわ」

※具体的な数字などを示して、対策を練らせる

受け入れられる注意8カ条

1 軽い注意は、にっこり・あっさり、真剣な注意はじっくり対話で
（ユーモアを入れるのも手。ジメジメした感情を入れない）

2 その場で、強く、短く

3 ポイント的に注意する（ひとつのことだけ）

4 私情を入れない

5 一対一で直接言う（人前での注意は×）

6 最後は前向きに終わる

7 しこりを残さず切り替える

8 後日、よくなっていることを評価する

残念な人の「注意」

抽象的な人格否定をして注意する人

「すべてにおいて、本気さが感じられない」

こんな言い方をされても、どこをどう直していいか本人はわからないもの。行動が変わるどころか、やる気を失くしたり、「自分なりにちゃんとやっているのに」と反感をもってしまいます。どんなことであれ、人格を否定する人には素直になれないのです。「ここを、こうしてほしい」など、ポイントを絞って注意して。また、注意される側は「具体的にどうすればいいでしょう」と尋ねてみては。

なんかさーあなた全体的に、ぼわーんな人？
ダメ子さん度5割増！的なオーラがさー
???

人と比較して注意する人

「○○さんはちゃんとできているのに、なぜあなたはできないの？」

過去にさかのぼって注意する人

「あのときも、あなたはそうだったわ」

14

ほめる

やる気と能力を引き出し、いい関係をつくる「ほめ方」

〝ほめ上手〟は〝愛され上手〟

「だれだって、ひとつは、すごい！って、尊敬するところがあるのよ」

友人であるM社長の言葉。彼女は数十人の部下からの絶大なる信頼を得ています。

その理由のひとつは、ほめ上手であること。人に自信をもたせる存在であること。

「△△さんは企画書作りの名人。コンセプトが明確で、視覚的にわかりやすいの」

「□□さんは人がやらないことを陰でやってくれる人。よく気がつくと感心するわ」

自分よりも優れているもの、自分にないものをもっている人は、すべて尊敬の対象。

だから、すべての人に尊敬を感じてしまうのだとか。彼女のひと言で、自分でも知らなかった長所や、能力に気づき、会社で伸びていった女性も少なくありません。

私たちは、みんな認められたがっているのです。それは、人間の本質的な欲求。

だから、自分に特別な価値を見出してくれた人は、大切な存在になります。

そして、相手のいいところも認めようとします。

人をほめることで、簡単に相手を喜ばせられるし、人間関係もよくなるのに、なかなか「ほめられない」「ほめるところがない」という人がいるのは、どうして？

「恥ずかしい」「照れくさい」「おべっかを使っているようになる」というのもあるでしょうし、「あの人には言いたくない」という嫌悪感や嫉妬もあるでしょう。

でも、**「人をほめるのは、自分の幸せでもある」と考えればできること。**

「あの人のこんなところがダメ」と悪い部分を見て過ごすより、「あの人のこんなところはいいな」と、いい部分を見て過ごしたほうが、ずっと幸せになれるじゃありませんか。

そして、それを口に出したら、もっと幸せで、もっと愛されるようになるのです。

「ほめるのに抵抗がある」という場合は、「〝相手〟をほめる」というより「〝自分〟の感動を伝える」という気持ちで、気軽に口に出してみるといいでしょう。人は感動されるのが大好き。**「あなたは〜がいい」と、〝あなた〟を主語にして言うのではなく、「私は、あなたの〜がすごいと思う」と〝私〟を主語にして、つぶやけばいいのです。**「私は〜」というと、特別なことを言っているように聞こえ、説得力もあります。

人のいいところに気づくには、日ごろから相手のプラス面を見ようとすること。いろいろな角度から、相手を観察すること。見方を変えると、短所も長所になるんですから。

人の〝プラス〟を引き出す〝ほめ上手〟は、〝愛され上手〟の条件なのです。

POINT!★「私は〜と思う」と感動を伝えてほめる

よろこび倍増のほめ方

◉ほめる相手や、内容によって使い分けて

1 自分の言葉を使って、心からほめる

●ありきたりの言葉でもうれしいものだが、オリジナルの言葉はもっとうれしいもの

（課長から娘の写真を見せられて）

「かわいいですね」

⇓

「目がキラキラして元気いっぱいって感じですね。私まで元気になります」

※「よくおしゃべりするでしょう？」などと疑問文を続けると会話がふくらむ

※心がこもっていない言葉は、目の表情に出るので気をつけて

2 具体的にほめる

●具体性があると説得力大

「今度の企画、よかったです」

⇓

「今度の企画、消費者の立場でよく考えられていました。データ分析も的確ですね」

※「どんな点がいいのか」「どんなふうに感じたのか」を具体的に

3 タイミングよくほめる

●感動が大きいうちにほめると、生きた言葉になる

「先週か先々週の会議の司会、上手でしたね」

⇓

（会議が終わってすぐ）

「今日の会議、たくさんの人が発言できて、充実していました。司会の仕方がよかったんですね」

※「いいな」と思ったら、すぐに口に出すのが基本。何度、ほめられてもうれしいものなので、ほめ言葉は積極的に使って

4 ときには本人がいないところでほめる

●人伝えに聞いた「ほめ」は、みんなに認められたようで誇らしい

「最近、しっかりしてきたんじゃない？」

⇓

「（別の人に）○○さんは、すごくしっかりしていますよ」

※〝陰口〟ならぬ〝陰ほめ〟は、短い言葉でさらりと言ったほうがわざとらしくならず、印象深い

ここをほめることができたら、〝ほめ名人〟

◉このポイントに注目して！　よく見ていてくれていると、相手は感動

●結果だけでなくプロセスをほめる

「最近は時間をかけて、丁寧に営業しているね。結果は、時間がかかっても出てくるはず」

●小さなこと、小さな変化を見逃さずにほめる

「今年になってから、朝早く来るようになったね。やる気が感じられるわ」

●その人が大事にしていることをほめる

「A先輩の接客、さすがです。人を大切にする気持ちが伝わってきます」

●本人が短所だと思っていることを長所としてほめる

「○○さんは、自分で口下手なんて言うけど、ひと言に重みがあって、説得力がありますよ」

●持ち物や付属しているものでなく、本人をほめる

「そのバッグ、Aさんの明るいイメージにぴったり。センスの良さを見習いたいですね」

残念な人の「ほめ方」

人と比較してほめる人

「前任者に比べたら、あなたは仕事ができるわ」

こんな言い方をする人は、相手をほめたい気持ちより、だれかを落としたい気持ちで言っていることが多く、比較する対象者に「悪い印象をもっている」と暴露しているようなもの。ほめられたほうも素直に喜べないし、「自分よりよくできる人がいたら、自分もそう言われるのか」と信頼できない気持ちになります。ほめるときは、本人だけをほめるのが鉄則。

いつも自分と比較したほめ方をする人

「さすがね。私なんか、とても、あなたみたいにはできないわ」

うわべだけのお世辞でほめる人

「まぁ、いつもおきれいにされていること……」

またほめたくなる

ほめられたときのリアクション

★〝うれしさ〟と〝感謝〟が基本＋謙虚さも入れて、にっこり笑顔で

ほめ方も大事だけれど、ほめられ方も大事。せっかく勇気を出して、ほめてくれた人、自分の良さを認めてくれた人には、最大限のうれしさと感謝を示して。また、相手の言葉への否定ではなく、謙虚さをプラスすることで、愛され度はアップ。

場面別、相手別で臨機応変に使い分けて

1 上司や先輩から、仕事の結果をほめられたとき

「ありがとうございます。○○さんが丁寧に教えてくださっているからです。もっといい結果が出せるよう、これからもがんばります」

…（感謝＋謙虚さ）

残念な人の「リアクション」

ほめられて、否定のリアクションをする人

「いえいえ」

「そんなことありません」

「とんでもない！」

2 同僚や友人から、性格についてほめられたとき

「本当？　ありがとう！　滅多にほめられないのでうれしいなぁ」…（自分を少し落とす）

「ありがとうございます。素直によろこんじゃいます。私から見ると、○○さんも、～ですよ」…（とほめ返す）

3 後輩から、ファッションをほめられたとき

「○○さんに、そんなふうに言ってもらえて、うれしい～。ありがとう！」…（素直によろこぶ）

4 明らかなお世辞やおべっかとわかるほめられ方のとき

「お世辞でもうれしいです。ありがとうございます」…（あくまでも、さらりと）

「初めて言われました。そう言ってくださるのは、世界で○○さんだけですよ」…（一緒にのってあげる）

「なにも出ませんよ」…（と冗談にする）

本人は謙虚なつもりか照れ隠しかもしれませんが、「せっかくほめたのに……」と思われることも。たとえ社交辞令であったとしても「本当ですか？　言われたことはないですが、うれしいです」など、素直に受け入れて。

15

断り方

角が立たず、相手も納得する「断り方」

＊「できるかぎり、やります」という姿勢を見せて

私は、会社員時代から、依頼された仕事をなるべく断らないできました。

「断れない」ということではなく、「断りたくない」。なんでも引き受けることが、自分を伸ばすことにつながると思っていたからです。自分にチャレンジするつもりで、引き受けていると、**そのなかに、思わぬチャンスが紛れ込んでいる**ことがあります。

多少、無理しても、人の「お願い！」「頼む！」という気持ちに応えていると、人との信頼関係が築け、自分が困ったときは助けてもらえます。自分にやってくる仕事を、なるべく断らずに、丁寧に返すことで、仕事力はつくられてきたのだと思うのです。

そして、「これ以上は、難しい」というときは、「断る」のではなく、「条件つき提案」（次項に記述）にします。「いつまでなら、できます」「全部はできませんが、半分ならいけます」というように。

「本当に、無理」というときは、「お力になりたいのですが、できないんです」と状況を

説明して断ると、「あなたが断るんだから、仕方ないね」とほかの人に振ってもらえます。

日ごろ、「できるかぎり、やります」という姿勢を示していれば、断っても、角は立たないものです。ただし、最初から「明らかにできない」というとき、先輩や同僚から仕事を押し付けられて、たくさんの仕事を抱え込み、「私ばかり損している」と恨みがましい気持ちになってしまうときは、さっさと断ったほうが得策です。ストレスになるかどうかも判断基準。

「断る」ということは、**どんな断り方をしても、多かれ少なかれ、相手をがっかりさせてしまうものです。それは仕事上、仕方ないことだと、割り切りましょう。**「断ったら、相手がどう思うか」なんて考えていたら、断れなくなってしまいます。多少がっかりはさせますが、相手の自尊心を傷つけず、自分への評価を落とさず、人間関係に支障をきたさず、断ることは難しいことではありません。断り方次第で、相手を怒らせることもあるし、「いいよ、気にしないで」と逆に気を遣ってもらうこともあるのです。

1　相手を立てること（せっかくなのに…、○○さんからの依頼なのに…、感謝の言葉）
2　残念、または申し訳ない気持ちを示すこと（本当に残念、申し訳ありません）
3　相手が納得する理由を伝えること（～の理由で、～の状況で）

この3点さえ押さえれば、依頼者は好意的に、あなたを見てくれるでしょう。

POINT!★ 断りには、相手への礼儀が必要

◉どんな結果になっても、お互い納得の「断り」を、前向きな「条件つき提案」に変える言い方

なんとかやろうとする気持ちが示されれば、たとえ条件が受け入れられなくても、相手は納得します

1◎ 日時の変更

「いまは難しいのですが、来週ならできますので」

2◎ 時間の延長

「5日ほどお時間をいただいてもよろしいですか」

3◎ 部分的な受け入れ

「半分なら、できそうです」

4◎ 代替案の受け入れ

「これはできませんが、ほかの○○ならできます」

5◎交換条件

「代わりにこれ、お願いできますか?」

（仕事を押し付けてくる同僚などに）

6◎相手への相談にする

「どの仕事を優先しましょう?」

★引き受けるか、断るかの見きわめをしよう

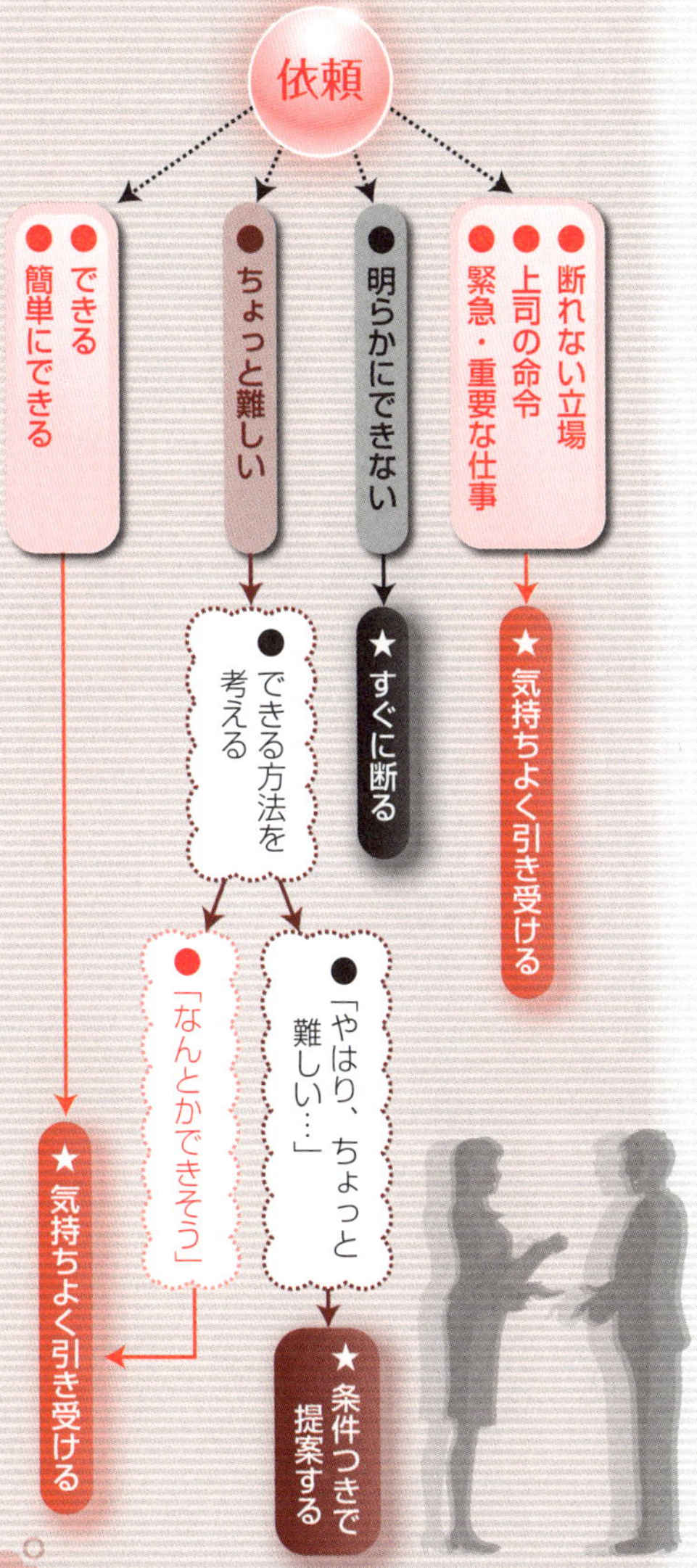
依頼
●断れない立場
●上司の命令
●緊急・重要な仕事
★気持ちよく引き受ける
●明らかにできない
★すぐに断る
●ちょっと難しい
●できる方法を考える
●「やはり、ちょっと難しい…」
★条件つきで提案する
●「なんとかできそう」
●できる
●簡単にできる
★気持ちよく引き受ける

場面別・角が立たず、愛される断り方

❖先輩に「これ、やってくれる?」と、仕事を押し付けられたとき

× 「いまは、無理です」

⇓

○ **「できればやりたいのですが、〜の仕事が入っているので、いまは難しいです。すみません」**

※明るく、あっさりと

※相手によっては「ご勘弁を〜」など、ユーモアで切り返すのも一策

❖取引先から、無理な注文をお願いされたとき

× 「すみません……、それは、ちょっとキビシイですね」

⇓

○ **「ご依頼いただいて、大変ありがたいのですが、今回は、予算的に難しいです。せっかくの機会なのに、申し訳ありません」**

※商談の場では、理由を明確に、断りははっきりと

※会社を代表している立場なので、「私はやりたいんですが、会社が……」というような言い逃れはタブー

同僚から行きたくない飲み会に誘われたとき

× 「ダメ。行かれない」

⇩

○ **「誘ってくれて、ありがとう。残念だけど、その日は用事が入っているの。また今度、誘って!」**

※感謝を伝えて、明るく前向きに断る

残念な人の「断り方」

あいまいな返事をする人

「やれたら、やっておきます」

「やれたら、やります」「行けたら、行きます」など、あいまいな返事は気遣いのつもりで言ったとしても、相手を期待させ、できなければ失望させたり迷惑をかけたりすることになりかねません。難しいと判断したときは断るのが親切。依頼する人も別な人に頼んだりして、ほかの方法を考えるものです。はっきりしない返事は、断ることよりマイナスと考えて。

16

依頼

快く引き受けてもらえる感じのいい「頼み方」

「もちつもたれつ」「お互いさま」の気持ちで

同じことを頼んでも、「わかりました。任せてください」と言われる人もいれば、「え～？　どうして、私がやらなきゃいけないの？」と思われて、断られる人もいます。

それは、頼める間柄か？という問題が大きいのです。

日ごろから、お互い仕事をサポートし合っている同僚であったり、信頼関係ができている部下だったりすると、頼みやすいし、可能なかぎり引き受けてくれるでしょう。

反対に、あまりコミュニケーションができていない同僚に唐突に、「この仕事、やってくれる？」と言っても、「は？　なんであなたから……」となるでしょうし、仕事を押し付けてばかりいる上司だと、「いつも、自分の仕事を私にさせるから、イヤになるわ」と、不機嫌な顔をされるかもしれません。

人は、〝不公平さ〟を感じたとき、それを受け入れがたくなるのです。

相手に頼みごとをするなら、自分も相手になにかをしていること。それは、仕事という同じ形のものだけでなく、感謝の気持ちを精一杯示すことだったり、相手を認めることだったり、仕事の相談にのることだったり。どんなことであれ、相手の役に立ったり、喜ばせたりしていれば、頼みごともすんなり聞いてくれるでしょう。

恩と恩の交換ができているか意識すること、相手の心理を読むことが大切です。

また、頼み方の問題もあります。上司から部下へ頼みごとをする場合は、当然のように頼んでしまいがちですが、命令口調で言ったり、自分の都合ばかりを押し付けたりしていると、反感を買うことになります。**甘えすぎず、「あなたにお願いしたい」「いつも助かっている」と期待と感謝を示すこと。**

部下から上司へは、あくまでも謙虚な姿勢で、納得できる理由をきちんと説明して。

頼むタイミングも大事。感覚的な問題ですが、気分がいいか悪いかで、依頼の成功率は大きく変わってきます。同僚から同僚へは、仕事をトレードしたり、別な形でお礼をしたり、**「もちつもたれつ」「お互いさま」という関係になるのがベスト。**「あなただから頼める」「○○さんがいてくれて助かる」と相手を認める気持ちを示して。

「もちつもたれつ」で人間関係ができていきます。躊躇せず、ぶつかってみる勇気も必要かもしれません。

POINT!★頼むためには、日ごろのコミュニケーションが前提

ワンランクアップ 愛される人【頼み方】のテクニック

1 命令・依頼形でなく疑問形で頼む

「〜して」「〜してください」
⇒「〜してもらえますか?」

丁寧な言い方のほうが、受け入れられやすいもの。「ご相談なのですが、いま仕事を抱えすぎまして……」と相談系にしてしまうのもあり。相手が面倒見のいいタイプだと、自分でできなくても、「じゃあ、○○さんに頼んでみましょう」「これは後で、みんなでやろう」と一緒に解決策を考えてくれます。

2 メリットと理由を明確に伝える

「お願いできると、〜になります」「〜だから、○○さんの力が必要なんです」

自分や相手にとってのメリット、会社のメリットなどを具体的に。「現在は〜という状況ですが、手伝ってもらえると、○○時間の短縮になります」など、効果を数字を使って表すと、説得力が出てきます。

3

お願いできる状態か、相手の状況を把握する

❖（相手の様子を見計らって）
「いま、お時間よろしいでしょうか」

相手が忙しそうにしているとき、スケジュールが立て込んでいるときに、依頼しても断られるだけ。だれに、いつ、頼んだらいいのかを観察してから依頼しましょう。依頼相手に「15分ほどあればできる仕事ですが、お願いできますか」など、時間を提示するのもひとつの方法です。

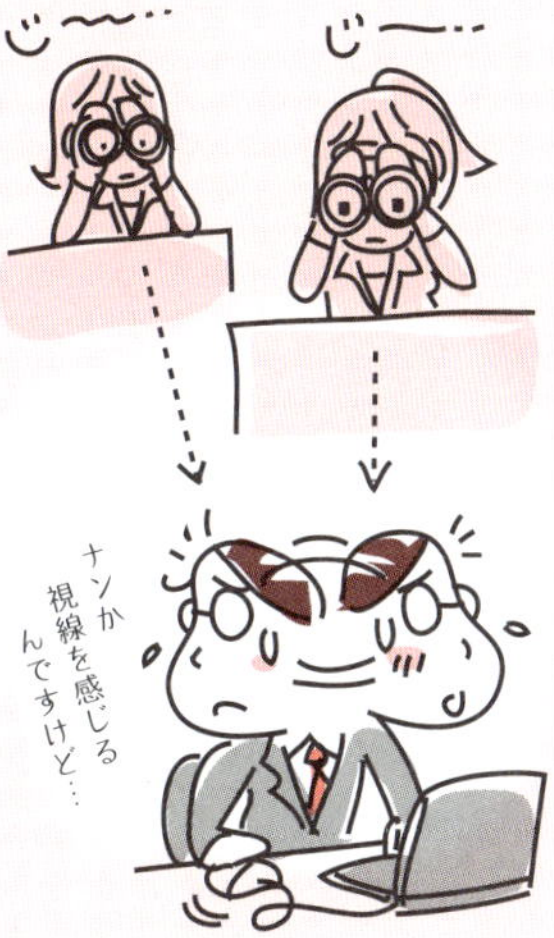

残念な人の「頼み方」

「あなたのため」と言って、自分の仕事を押し付ける人

「これはあなたの成長のためになるんだから、やっておくべきだと思う」

上司や先輩が偉そうに「あなたのため」と言っていても、実は、自分がやりたくないからだったり、仕事を押し付けたりしていることがわかると、いくら部下でも引き受けたくない気持ちに。また「これはやったほうがいいよ」「断れないと思うけど」など、人の足元を見た言い方も反感を買います。自分の仕事を頼むときは、部下や後輩であっても、「手伝ってもらえる？」と低姿勢で。

17

指示

思い通りの結果が得られる「指示の仕方」

＊「目的」と「目標」を明確に伝える

「店長、指示語が多すぎて、意味がわかりません」

これは、私がユニクロの店長をしていた当時、商品の陳列の仕方を説明していて、アルバイトの学生から言われた言葉です。

それまで気づかなかったのですが、本当にその通り。

「これをあそこに持っていって、あっちの倉庫のシャツのパッキンをここに出して……」

と、自分だけがわかる言語でしゃべっていたのです。手で指し示していたものの、それも素早い動きだったので、さぞかし理解困難だったことでしょう。

指摘してくれたアルバイトには、感謝です。

「〝指示〟は、相手の立場にならないとできない。思い通りの結果を得られることは不可能」という、とても大切なことを教えてくれたんですから。

私たちは「こうしてほしい」という完成図のイメージを自分のなかでつくっています

が、伝える相手は、私たちが提供した「言葉」という情報だけから、イメージをつくらなければなりません。個人の性質、生まれ育った環境、受けてきた教育などによって、人それぞれイメージがちがいます。10人いれば、10通りのイメージがあります。

だから、言葉足らずだったり、「これ」「あそこ」など適当なことを言っていると、別なイメージができたりしてしまうのは、当然のこと。勘ちがいして、作業がちがった方向に進み、二度手間、三度手間になることも、よくあることです。

指示に大事なことは、「目的」と「目標」を明確に伝えること。

目的は、「なんのために、この仕事をするのか」という出発点。

目標は、「この仕事を最終的に、どんなものにするのか」というゴール（イメージ）。

その途中の「どんな方法でするのか」というやり方は、仕事に慣れていない人には具体的に伝えるべきですが、できるだけ自分のやり方を見つけさせたほうがいいでしょう。やり方を一から十まで教えていると、自分の頭では考えず、すべて人の指示がなければ動かなくなってしまうからです。任せることで、モチベーションも上がります。

共有イメージさえできれば、指示はほとんどできたと言っても過言ではありません。

そして、共有イメージをつくるためには、相手の立場に立って、わかりやすい言葉で、必要な情報をモレなく具体的に伝えること。相手が理解したかを確認することが重要です。

POINT!★相手の立場でわかりやすく、モレなく、具体的に

ワンランクアップ 愛される人【指示】のテクニック

1 感覚的な表現を、具体的な数字・表現に

「何枚かコピーとって」⇒「3部、コピーをお願いします」

「たくさん」「ちょっと」「適当に」などあいまいな表現は、「そうじゃなかったんだけど」という結果に。「午後までに」「明日まで」も「午後3時まで」「明日の5時まで」など、具体的に。

2 やり方のコツや、自分の経験を話す

「～すると、やりやすい」「ポイントは、～」

「自分の方法でやってみて」と任せると、指示されたほうも張り切って取り組みます。ポイントやコツ、注意することだけは押さえて、まちがいや勘ちがいを防いで。また、「私は、～で失敗したから気をつけて」と経験談を話したり、必要であれば、やって示したりすると、イメージが膨らみやすくなります。

3 目的を明確にして、必要な情報をモレなく伝える

「これは、～のためにする作業です」

「目的」によって、やり方も、目標も変わってくるため、「なんのためにするのか」を明確に。必要な情報はすべて与えて、メールやメモなど、箇条書きの文書にしておくと、モレがないでしょう。確認のために、復唱してもらい、一緒に作業内容の確認をするのも有効。

4 途中経過、完了を確認する

❖「半分できたところで、報告してください」

指示したまま放置していると、ちがう方向に進んでロスを生むことも。内容によっては、途中で何度かチェックして、完成まで見届けて。完了したら、「よくできた」「ありがとう」など、ほめ言葉や感謝の言葉で労をねぎらいましょう。

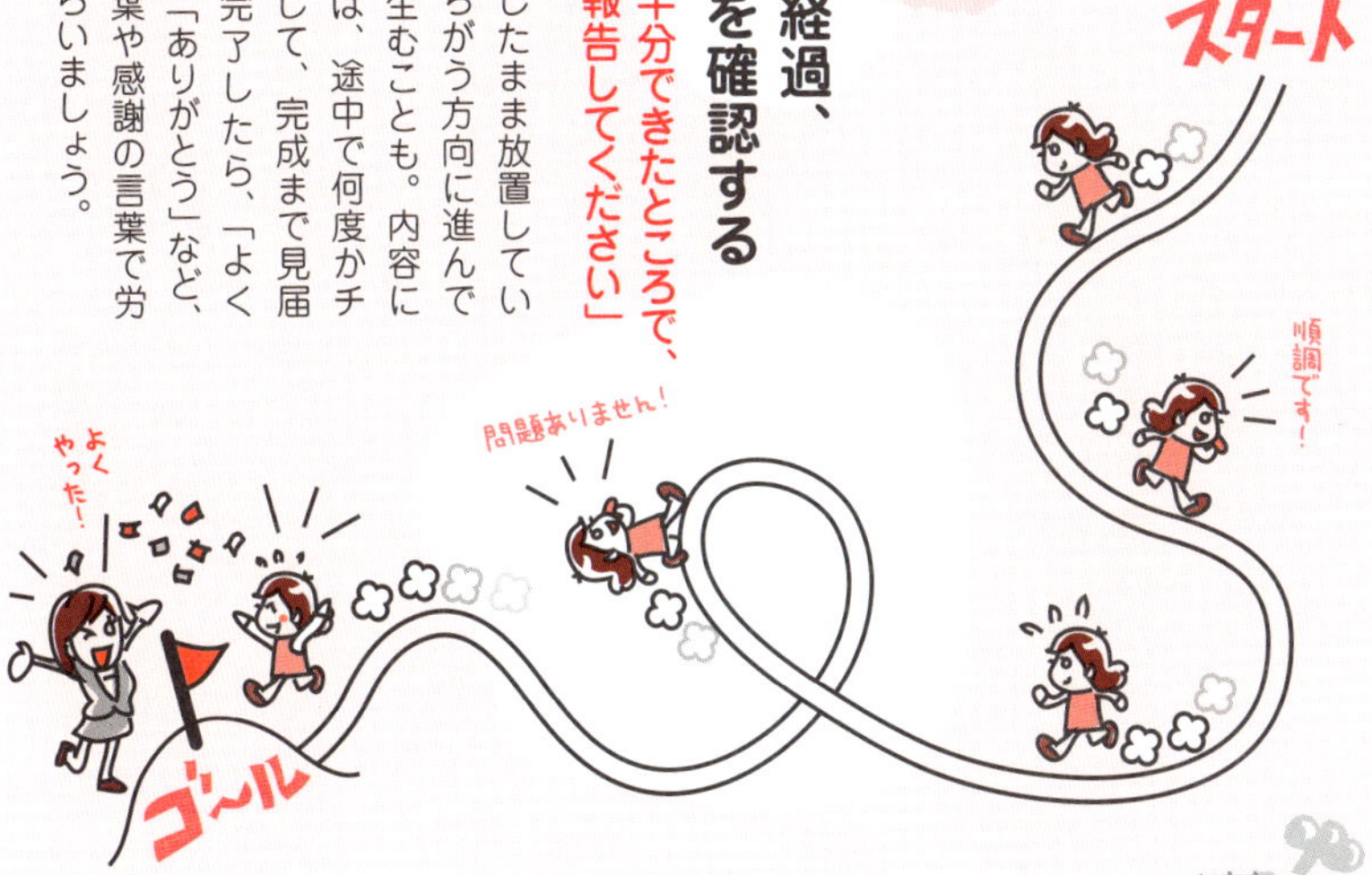

残念な人の「指示」

指示をコロコロ変える人

「あ、さっきの指示はナシ。やっぱり、ちがう方法でいこう」

このような人は、見切り発車で何度も変更するクセがあり、周りは振り回され、ムダが多くなります。どんなことであれ自分の言葉を覆すようでは、狼少年のように「またか……」と信用されなくなることを肝に銘じて。時間がかかっても最終判断が出てから指示を出したほうが賢明です。指示される側は内容を文書にして「これでいいですか」と確認したり、時間的な余裕があれば少し寝かしておくなど工夫が必要。

18

感謝

温かい人間関係をつくる「ありがとう」

最上級の「肯定」は、危機管理や自己防衛にもなる

もし、あなたが急なコピーを頼まれて、バタバタと持っていったとき、いきなり、

「字が薄くて見えにくいなぁ。まぁ、いいけど……」

なんて言われると、どう思いますか？

自分に落ち度があったとはいえ、「急いでやったのに、そんなふうに言わなくてもいいじゃないの」と、すっきりしない感情が残るのではないでしょうか。

どんなことであれ、人は否定だけされると、おもしろくないものです。

「ありがとう。助かったよ。ちょっと字が薄いから、次からは気をつけて」

と、最初に感謝の言葉がくると、後に「否定」がきたとしても、素直に受け取れます。

「ありがとう」は、「あなたを認めています」という最上級の「肯定」の言葉。

注意されるとき、断わられるとき、少々の苦言を言われるときも、「ありがとう」が添えられると、救われたような気持ちになります。実は、「ありがとう」は相手への感

謝だけではなく、自分の危機管理や防衛の言葉でもあるのです。

また、日常的なこと、あたりまえだと思われるようなことにこそ、「ありがとう」を伝えることが大事です。

毎日、掃除をしてくださる方、荷物を配達してくださる方などに、「いつもありがとうございます」とあいさつのように言うと、どれだけ喜ばれることか。「感じのいい人だな」と好感をもたれると、機会があれば、力になろうとしてくれます。

私もそんな方たちから、お菓子を差し入れてもらったり、ケガをしたときに絆創膏を提供してもらったり、いろいろとお世話になった経験がありますが、身近にそんなやさしくしてくれる人がいると、ホッと和み癒されるものです。

もうひとつ、「ありがとう」の効果は、伝えた相手だけでなく、自分も清々しい気持ちになれること。苦手な相手や、ギクシャクしてしまう相手にも、ちょっとしたことに「ありがとう」と伝えていると、**自分の器が大きくなったような気がして、相手を受け入れる余裕**ができてきます。

人間関係もほぐれて、避けていた相手にも、普通に接することができるようになります。感謝する気持ちが、言葉をつくるのではなく、言葉が気持ちをつくり、前向きな行動をつくるのです。

 POINT!★なにかしてもらったら、どんなことにも「ありがとう」を

ワンランクアップ ❖愛される人【感謝】のテクニック❖

1 「あいさつ＋感謝」で心がほぐれる演出

❖「おはようございます。昨日は遅くまで、ありがとうございました」

なんでもないあいさつにも、感謝の言葉を添えると、心がこもります。さらに「電車は大丈夫でしたか？」など、相手に対する〝ねぎらい〟の言葉を加えると、温かいコミュニケーションに。別れの言葉にも「今日はありがとうございました。お疲れさまでした」など感謝をプラス。

おはようございます！
きのうは電車、大丈夫でしたか？
いやー
？

2 「感謝＋効果や感想」で具体的に伝える

❖「ありがとうございました。おかげさまで、いいお話が聞けて勉強になりました」

相手がしてくれたことで、「こうなった」「うれしかった」「〜だと感じた」「〜がよかった」など、効果や感想を入れて伝えると、現実感をもって、相手の心に響きます。「ありがとう」のあとに「おかげさまで〜」でつなげると、会話がスムーズ。

3

お礼は2回に分けて言う

「先日は、ご面談くださり、ありがとうございました」

お礼は、その場で1回、次に会ったときに1回、伝えるのが基本。上司や同僚であれば、翌朝のあいさつのときに、ときどき会う人であれば、次に会ったときに。しばらく会う機会がないとき、特別なことをしてもらったときは、メールやお礼状で。

残念な人の「ありがとう」

忘れたころに「ありがとう」を言う人

「2カ月前に送っていただいたお土産、ありがとう」

「言おう言おうと思っていたけど、つい忙しくて」ということは、だれにでもありがち。でも、思っていても言葉にしなければ、相手には「思っていない」のと同じ。時間が経てば「喜んでいないのね」とさえ思われることも。お礼はタイミングが肝心。気の利いたお返しやお礼状を考えるのは後にして、まずは即座のお礼を。「ありがとう」のひと言こそ、いちばんうれしいお返しなのです。

19 嫌いな人との接し方

＊嫌いな相手からは嫌われる。好きな相手からは好かれる

職場にひとりか二人は、「この人、嫌い」「合わない」という人がいるものです。

でも、相手を嫌いだという気持ちは、相手に自然に伝わって、人間関係は決してよくなることはありません。さっさと切り離してしまいましょう。

まずは、「嫌い」という気持ちは、自分になんのメリットも生まず、マイナスになるだけだということを認識することです。そして、ストレスを感じるのは、相手の問題ではなく、それを受け入れられない自分自身の問題だと気づくこと。あたりまえのことですが、**「人の性質を、他人が変えることはできない」**という真実をわかっていることです。人間、自分から変わろうという意志がないかぎり、変わることはできないのです。

それに、「嫌い」というのは、相手の一部分に〝こだわって〟いるだけのこと。

〝たまたま〟、今がそんな時期で、〝たまたま〟悪い部分が見えて、気に障ってしまうだけ。それは相手の〝すべて〟ではなく、〝一部〟であり、「ちょっと苦手な個性」ぐらい

に考えていればいいのです。ネガティブな気持ちにとらわれても、時間がもったいない。

そして、同じ土俵に立って戦おうとせず、土俵外の観客になったつもりで、心に余裕をもって、相手を〝見物〟しているといいでしょう。「キツイ性格に見えるけど、じっくり付き合ったら、やさしいところがあるのかも」「仕事はできるから、学べるところもあるはず」と、気長に見ていると、そのうち、いい面が見えたり、関係がよくなったりすることがあります。人間関係は、時が経つと必ず変わってきます。「嫌い」と簡単に決め付けてしまったら、もったいない。**その人が、いつか、あなたにとって、〝いい人〟や〝引き立ててくれる人〟になる可能性だってあるんですから。**

人の内面にはいいところも悪いところも、好きな部分も嫌いな部分も、尊敬する面も劣っている面も、いろいろな性質が混在しています。どの部分を引き出して接するかは、あなた次第。あなたの態度によって〝いい人〟にも〝悪い人〟にもなりえます。

相手を「嫌いな人」としてではなく、「いいところもある人」として扱っていれば、ほとんどの人は、期待に応えて〝いいところ〟も見せようとしてくれます。

だれだって、自分を嫌いな人は嫌い。自分を好きな人は好き。心を開いてくれる人には、心を開く。信頼してくれる人には応えようとする……良くも悪くも相手の態度は、自分の心を映す鏡なのです。


 POINT!★相手を「いいところもある人」として扱う

ワンランクアップ
愛される人
【苦手な人との接し方】のテクニック
「相手も私が嫌い？」

1 自分から笑顔で声をかける

「○○さん、お疲れさまです。今日は大変でしたね」

イヤだイヤだと避けていても、関係はよくならないので、自分から声をかけて。あらたまって話しかけるのではなく、あいさつ、お礼、ねぎらいの言葉をかけるだけでも、空気は変わってきます。〝自分から〟声をかける勇気は、閉ざしていた心の鍵を開けてくれます。

2 話題にするなら、相手の好きなものや共通点

「先輩んちの猫ちゃん、お元気ですか？」

相手が好きなこと、興味があることを話題にすると、「知っていてくれたんだ」と相手も喜んでくれます。「おいしいイタリアンのお店、見つけましたよ」などと情報を与えるのも◎。また、お互いの共通点を話題にすると、親近感がアップします。

先輩〜、ヘビちゃん飼ってるんですか？
え!!
にょろ
ペロ
かわいいわよ！一匹あげよっか？

3　弱点、失敗談で少しだけ自分を落としてみる

わたし「マキガール」なんです！
ほれっ
わかった！見せなくていいから！

❖「私、寒がりなんで、冬の腹巻きは欠かせません」

自分のお腹を見せて、戦う気がないことをアピール。自己開示して、自分を落として見せることで、相手はほっとした気持ちになり、心を許してくれるかも。ただし、本当の弱みを話してしまうと、足をすくわれることもあるので注意して。

残念な人の「言い方」

アラさがしばかりをして、弱みにつけこんだ言い方をする人

「やっぱり、ミスしたのね。やるんじゃないかと思ったわ」

快く思えない人の失敗や弱点を攻撃する人は、自己本位で心に柔軟性のない人。正直なのでしょうが、その不用意なひと言が人を傷つけ、敵をつくってしまうことに気づく必要があります。よく思えない相手ほど、〝器の大きな女性〟を演じるつもりで「大丈夫？」「心配することはないわ」と、思いやりのある言葉で接して。また、こんな人が周りにいたら、聞き流すに限ります。

20

会議

感情に左右されない「会議での話し方」

＊会議の目的は、ベストな結論を出すこと

会議での話し方は、結構、気を遣うものです。

意見を言うタイミングがつかめなかったり、人の意見を否定してしまうようで自分の意見を言えなかったり、反論されるのが怖くて、発言できなかったり、その結果、活発に建設的な意見が出ず、だらだらと時間だけが経っていって、いい結論が出ないことも。「出席する意味がない」という会議も少なくありません。

そんな大人たちに会議の話し方を教えてくれる、フィンランドの小学5年生たちが考えた「議論のルール」があります。

1　他人の発言をさえぎらない

2　話すときは、だらだらとしゃべらない

3　話すときに、怒ったり泣いたりしない

4　分からないことがあったら、すぐに質問する

5 話を聞くときは、話している人の目を見る
6 話を聞くときは、他のことをしない
7 最後まで、きちんと話を聞く
8 議論が台無しになるようなことを言わない
9 どのような意見であっても間違いと決めつけない
10 議論が終わったら、議論の内容の話はしない

（『図解フィンランド・メソッド入門』北川 達夫・フィンランド・メソッド普及会著、経済界刊）

まさに、「会議の普遍的な約束」がすべて表現されています。

マナーをわきまえて、「人の話をよく聞く」「話をするときは論理的に短く」「議論の内容をよく理解する」「感情と意見は切り離す」「どんな意見からもいい点を見つける」など、「ベストな答えを出す」という会議の目的をよくわかっているルールです。

私たち大人は、周りに気を遣ったり、自分の身を守ろうとしたりするあまり、このいちばん大切な、共通の目的を見失ってしまうのかもしれません。

出席するのであれば、まずは議論に加わって、堂々と自分の意見を伝えること。そこから、最善の答えを見つけること。参加者全員が、それに徹することができれば、会議は実りあるものになるでしょう。

 POINT!★会議のマナーを心得て、積極的に発言する

ワンランクアップ 愛される人【会議での話し方】のテクニック

1 会議の前に、内容をよく理解して準備しておく

「～について、私なりに調べた見解を申し上げます」

なにも準備せずに会議に臨んでも、よく理解できないうちに終わってしまう結果に。会議の内容が事前にわかっていれば、「わからないこと」「自分の意見」を箇条書きにメモし、自分なりに調べておくと、発言しやすくなります。

残念な人の「会議の話し方」

話のテーマからすぐに脱線してしまう人

「そうえいば、昔、こんなこともありましたよね。懐かしいわ～。あ、それから……」

まるで雑談のように話が脱線するのは、会議の目的を主体的に考えていない証拠。会議の冒頭で、設定時間と決めたいことをハッキリさせ、脱線しそうになったら早い段階で「整理すると……」「次にいきましょう」など軌道修正。また、司会や議事録を任せてしまうのも一案です。

2 発言のときは、すべての人の顔を見るようにして「意見＋理由」で

「私は～だと思います。その理由は～」

意見は、参加者の顔を、一人ひとり見るようにして発言しましょう。特に大事なポイントでは、司会者や、いちばん重要なキーマンを中心に。大きめの低い声で、ゆっくり言うようにすると、信頼感が出てきます。

3 意見がまとまらないときは、もっている情報、考えたことを発言

「まだ、まとまってはいないのですが～」

意見がはっきり出ていないときは、無理に答えを出そうとせず、「自分は、～と考えた」「この点では、～さんに賛成です」と部分的な意見や、それに関する情報を伝えて、議論にできるだけ参加するように。「わからないです」と言うより、積極性が評価されます。

4 意見は、先手必勝

「私から、発言してもよろしいでしょうか」

最初に挙手をする人が、いちばんポイント高し。最初は勇気がいるものですが、2番目、3番目のタイミングを計るほうが難しく、人の出方を見ているうちに、「先に言われてしまった」、前の人の発言を受けて「言うことを変えなきゃ」となることも。ただし、少人数で、暗黙の順番があるときは、それを心得て。

ウチの若いやつらいいじゃん!

21

自己紹介

必ず名前を覚えてもらえる「自己紹介」

好感度・名前・印象を一緒にインプットしてもらう

新しい職場や部署に配属になった初日、グループワークや研修会、セミナー、プライベートでの習い事、サークルなど、複数の人の前で自己紹介をする機会は、ひょっこりやってきます。そんなときに、なにをしゃべっていいのかわからず、

「えーっと、名前は橋本です。わからないことばかりですが、よろしくお願いします」などと**お決まりの自己紹介をしていると、名前すら覚えてもらえない**こともあります。後で話す機会があっても、「どんな人か?」という情報がまったくないため、話し始めるきっかけもつかめません。

自己紹介の目的は、これからのつながりのために、「私はこんな人間です」と、自分をちらりと見せて印象づけ、親しみやすい雰囲気をつくること。

具体的に言うと、次の3点を押さえれば、目的を達成したことになるでしょう。

1　好感をもってもらう

2 名前と顔を覚えてもらう
3 印象を残す

まず、「好感をもってもらう」のは、最初の10秒で決まります。「はじめまして」「おはようございます」など、笑顔で、はっきりとあいさつができれば、ひとまずOK。

「名前を覚えてもらう」ためには、最後にもう一度、名前を繰り返すことです。冒頭で「斉藤優子と申します」と言っても、どんな人かがわからないうちは、名前もインプットしにくいもの。といっても、後で、いきなり名前だけを言うのも不自然でしょう。

そこで、自己紹介の最後に話の流れをつくって、「〝自然が好きな天然系〟の斉藤と覚えてください」（キャッチフレーズ）、「グルメ情報のことなら、斉藤に声をかけてください」（得意なこと）など、**自分のウリと組み合わせて再度、名前を出す**といいでしょう。

「印象を残す」のは、意外性を話すのが効果的。「色が黒いですが、札幌出身です」「週末はフラダンスでリフレッシュしています」など、周りに「へ〜」と思わせるような情報を与えてインプット。これで、名前と顔とキーワードがつながります。

自己紹介は1分以内で、内容はポイントをひとつか2つに絞って。自分をわかってほしいあまりあれこれ話すと、逆に印象が薄くなってしまいます。要は、人との間に壁をつくらず、だれもが入ってきやすいような〝入り口〟をつくってあげればいいのです。

 POINT!★自己紹介では意外性をひとつだけ話す

ワンランクアップ 愛される人【自己紹介】のテクニック

1 仕事、プライベートの基本パターンをつくっておく

「これまで○○の仕事をしてきました。今後は○○を目標にがんばりたいと思います」（仕事での自己紹介）

仕事関係であれば、仕事歴、担当、得意分野、今後の目標などをメインテーマに話して、個人的な情報はサブテーマに。プライベートの集まりであれば、趣味や特技、意外な一面、話題になりそうなエピソードなどを。それぞれ約1分間の基本パターンをつくって練習しておくと、いざというとき、慌てずに話せます。

2 自分が力になれる点をアピールする

「プレゼントなどのラッピングは（名前）にお任せください」

仕事関係であれば、なるべく仕事で役立つことを。なくても「温泉情報は……」「肩こりのツボを知りたいときは……」「荷づくりをするときは……」など、なにか力になれることがあるはず。

ただ「自分のことをわかって」と自分を売り込むより、「お役に立ちたい」という姿勢を示したほうが、好感度はアップ。

え～ランチのことなら先輩におまかせください
よけいなお世話よ！
Bravo

3 自慢話になりそうなときは、自分を下げる話もちらりと

❖「アメリカ留学してTOEIC® 900点以上にしました。いまは韓国映画にはまってハングル語は初心者になっています」

自分の功績や特技は伝えたいところですが、それだけでは自慢のように思われてしまうことも。ほほえましい失敗談や弱点など、ほんの少しだけ自分を落とす話をすると、〝愛されキャラ〟になります。

自分を高く表現する人には壁を感じますが、少し下げた自分を見せてくれる人には、だれもが親しみを感じるのです。

残念な人の「自己紹介」

♣どうリアクションしていいかわからないような自己紹介をする人

「婚活と就活を繰り返しているうちに、アラフォーになってしまいました」

自虐ともとれる話には、「そんなこと言うけど、そんなにこたえていないんでしょう？」と周りも笑える程度の、余裕の下地とあっけらかんとした明るさが必要です。

また、周囲に同じような境遇の人がいないか配慮することも大事。年齢、身体的特徴などは避けたほうが無難ですが、「体は小さいけれど声は大きいです」などプラス面と組み合わせて好印象になることも。

自己紹介の流れ（はっきり・ゆっくり話して！）

あいさつ

「こんにちは」
「はじめまして」など
※明るく元気に一礼して
気持ちを落ち着ける

2〜3秒、間を空ける
※相手からのあいさつが返ってくる

名前

「山田桜子と申します」
※フルネームで
※わかりにくい字は「〜と書きます」、聞き返されそうな名前は、ゆっくり発音して

自己PR

目的によって自己紹介のメインテーマを選ぶ

★自分キャッチコピーがあると、愛されやすい！
〜自己紹介・名刺などに使って、自分を印象づけて〜

カンタン！自分キャッチコピーの作り方

1 あなたの特徴を表す単語（名詞、形容詞、動詞などなんでもOK）を、紙に思いつくまま書いてみる。

※30個を目標に
※仕事・性格・出身・好きなもの・得意なこと・信条・趣味・立場・自分史・願望など
※プラス面だけでなく、マイナス面も

【例】信州出身、桃好き、B級グルメ、SE、行きあたりばったり、ノリがいい、笑顔、走る、転ぶ、写真、旅、ブログ、ママ、照れ屋、話好き、情熱家……

2 そのなかで、いちばん「自分を表している」と思うものに○をつける（5個以内）。

【例】癒し系、サポーター、教師、楽天家、チャレンジャー、編集者など

1（仕事なら）仕事歴、得意分野、今後の目標、役立てること、モットー、失敗談、所信表明など

2（プライベートなら）出身、趣味、特技、好きなもの、意外な一面、失敗談、エピソードなど

3（セミナーなどなら）受講したきっかけ、最初の感想など集まりに関連した話

※メインテーマをひとつ、サブテーマをひとつに絞ると話しやすい

名前

前の話の流れから「～の山田と覚えてください」「～のときは、山田に声をかけてください」など、再度、名前をPR

あいさつ

「よろしくお願いします」「ありがとうございました」

※一礼して、にっこり

3 2の○をつけた単語に、それ以外の単語を1～2個、組み合わせて、キャッチコピーをつくる。

※単語をアレンジしてゴロよく、リズム感よく

【例】「踊る癒し系教師」「落語好きの楽天家」「B級グルメサポーター」など

※初めて会った人が「おもしろい人!」「どんな人なんだろう」と興味をもつ〝意外性〟〝インパクト〟があるもの

※いくつかつくって友だちに見てもらうと、客観的な目が加わって、より完成度の高いコピーに

【例】～新しい職場で～

「はじめまして。山田桜子と申します。これまでスケジュール管理や経理事務、電話応対などの仕事を中心にしてまいりました。〝明るく、素早く、丁寧な対応〟をモットーに、早くみなさまのお力になりたいと思っております。プライベートではヨガにはまっていて、時間ができると、ついどこでもヨガのポーズをとってしまうので、知らない人から不思議な目で見られることもしばしばです。肩こり防止、腰痛防止など簡単にできるポーズもありますので、リフレッシュしたいときは、ぜひ山田に声をかけてください。どうぞよろしくお願いします」

22

スピーチ・準備編

準備なしには「いいスピーチ」なし

自信は万全の準備でつくられる

突然ですが、あなたが思う「いいスピーチ」とは、どんなスピーチですか？

これまで学生時代の授業、セミナー、講演会、会議のプレゼン、パーティでの来賓のスピーチなど、退屈で「早く終わらないかな」と思ったり、意味がわからなくてあくびをかみ殺したりしていたこともあったでしょう。

でも、なかには、時間があっという間に過ぎて「ためになった」「よくわかった」「おもしろかった」など、「いいスピーチだった」と思うこともあったはずです。

「いいスピーチだった」というときは、例外なく、聴き手が話のなかに入り込めているとき。 会話をしているように、話し手と聴き手の距離が近いときです。それは話し手が聴き手の目線になって、語りかけるように、わかりやすく話しかけているからでしょう。

反対に、「あまりいいスピーチではなかった」と思うときは、話し手と聴き手の間には距離があり、遠いところで一方的に話しているように聞こえています。また、話があちこちにそれてわかりにくかったり、途中で何度もつかえたり、その場にふさわしくない不用意な発言をしたり……と、マイナス点が目立つと〝いいスピーチ〟とは言えません。

アナウンサーのような流暢で滑舌のいい〝うまいスピーチ〟を、一般の人に期待している人はいないでしょう。**大きくプラスである必要はありません。**聴き手が求めているのは「普通に、ためになる話、おもしろい話を聴かせてくれる人」です。最後に「いい話だったな」という感想をもってもらえたら、そのスピーチは成功。

ただし、この「普通にいい話をする」ためには準備が必要です。「段取り八分」といいますが、**スピーチも「準備で8割決まる」**と言っても過言ではないでしょう。

準備を適当にやっていると、そのいい加減さは、まずは話し手の自信のなさに表れます。構成がしっかりできていなかったり、情報不足だったり、時間配分ができていなかったり……といった準備不足は、せっかくのスピーチをボロボロにしてしまいます。

だれもが人の前に立つのは不安なものですが、十分な準備ができていれば、「なんとかなるだろう」という気持ちで臨めます。たとえ途中で言うことがわからなくなっても、レジュメがあれば、また元に戻って進められます。聴き手の反応を見て、言い方を変えるなど、応用することも可能です。

準備がしっかりとできていれば、本番の〝伝える力〟にも余裕が生まれるのです。

POINT!★ "上手なスピーチ"ではなく、"いいスピーチ"を目指す

ワンランクアップ

愛される人【スピーチ準備】のテクニック

1 まずは、「なんのために話すのか？」を十分に心得る

あなたがだれかにスピーチを頼まれたとき、「なぜ自分に頼んだのか」「なにを期待されているのか」など、**依頼者、主催者の意図を十分に汲んで尊重すること**です。３分間スピーチであれば「ためになる話をひとつしてほしい」、結婚式であれば「新婦をほめてほしい」、セミナーであれば「元気や刺激を与えてほしい」など、いろいろあるでしょう。**スピーチの〝最終目的地〟を決めることが準備の始まり**です。

残念な人の「スピーチ準備」

スピーチの時間配分ができていない人

「時間がなくなりました。では、いきなりですが、まとめにいきます」

ときどき時間がなくなって、強引にスピーチを終わらせようとする人がいますが、話をカットされたようで、いい印象ではありません。必ずおおよその時間配分をメモに記入。スピーチ中、不測の事態で時間が足りなくなったときも、重要なポイントと、まとめだけは押さえられるように用意して。

2 次に「どんな顔ぶれか？」を把握する

たとえば「時間管理」について話すにしても、ベテラン社員に話すのか、新人か、話す人は男性が多いのか、女性が多いのか、どんな職種か、人数は何人ぐらいかなどによって、話の肉付けは変わってきます。**聴き手があまり知らない話をするときは、情報を補うことが必要**です。逆に、**相手が自分より年上や内容を熟知した人であれば、自分ならではの意外性のある話**にしたほうがいいでしょう。

3 「なにを言いたいか」より「なにを聴きたいか」が重要

人は、「へ～」「なるほど～」「おもしろーい」と反応するような、ためになる話、おもしろい話ならよろこんで聴くもの。そんな反応をどれだけ引き出せるかがカギ。**「自分だったら、どんな話が聴きたいか？」という目線で、聴き手の反応を予想しながら、スピーチの内容、構成を練っていく**といいでしょう。ただし、人はそれほど多くのことをインプットできません。**大まかに3つ以内に絞って。**

●いい話し手は実践している！

スピーチ準備の段取り

1 テーマを決める

スピーチのテーマ（主題）を決める

ポイント1「なんのために話すのか？」
ポイント2「どんな顔ぶれに話すのか？」
ポイント3「なにを言いたいか」より「なにを聞きたいか」

2 材料を集める

テーマに沿った話の材料を書き出す

ここに時間をかける！

紙の中心にテーマを書き、その周りに材料を箇条書きにメモ（次ページ図）

※人にざっくばらんに話すことで、アイデアが出たり、頭が整理できたりすることも

3 結論を出す

そのなかから、自分が考えた結論を出す

※途中の話は、いろいろな情報を集めたものでも、最後の結論だけは自分の頭で考えたものであることが大事！

4 構成を考える

結論に向かって、大まかにポイントを3つにグループ分けして、構成を考える

※あれもこれも話をするのではなく、思い切って半分以上は捨てる気持ちで構成すると、中身の濃い、まとまりのあるスピーチに

5 スピーチメモを作成

構成の筋書きに沿って内容を膨らませ、話す順番に整理して箇条書きする（→P130）

※原稿でなく、箇条書き。キーワードと記号（※⇒○△など）を使って

※スピーチ中に見やすいように、大きな太字で

6 スピーチ練習

「準備OK!」という気持ちになるまで、何度も声に出して練習する

※声に出すことで直すべき点がわかって、変更点が出てくる

※だれかに聴いてもらってリハーサルをしておくと、自信もアップ

※時間配分を確認して、スピーチメモに書いておく

＜材料集め・構成づくりのための「整理メモ」＞

※結論を赤の□で囲む

※伝えるポイントを3つにグループ分けし、色ごとに○で囲む

Ａ３用紙などに自由に書いて！

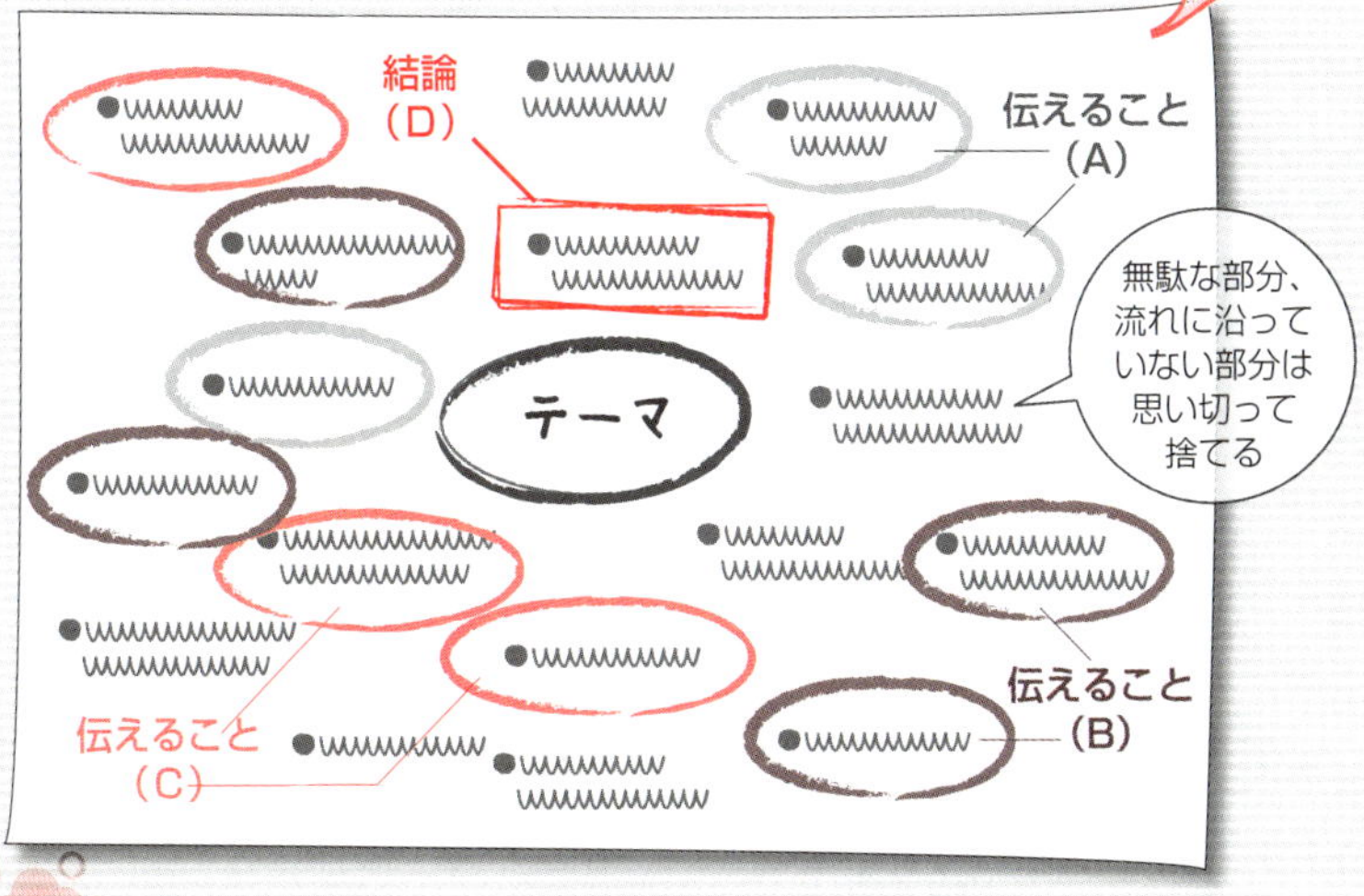
結論（D）
伝えること（A）
テーマ
無駄な部分、流れに沿っていない部分は思い切って捨てる
伝えること（B）
伝えること（C）

●すっきり！ わかりやすい！

構成の立て方

46Pでも使った手法。話す内容を、A、B、Cに3分割して、結論Dへの流れをつくる。

※テーマに沿って自由に構成する

【例1】A（序論）⇓B（本論1）⇓C（本論2）⇓D（結論）
【例2】A（現状）⇓B（対策）⇓C（問題点）⇓D（結論）
【例3】A（起・導入）⇓B（承・本論）⇓C（転・別の観点）⇓D（結・結論）
【例4】A（序論）⇓B（報告1）⇓C（報告2）⇓D（結論）
【例5】A（結論）⇓B（理由）⇓C（証明）⇓D（結論）

◎ポイント

☆たとえば、「現状はA。Bの対策が行われている。しかしCの問題点もある。私の見解はDである」「きっかけはA。調べたらBがわかった。別の角度から見るとC。私の見解はD」と、話の流れがつながるように

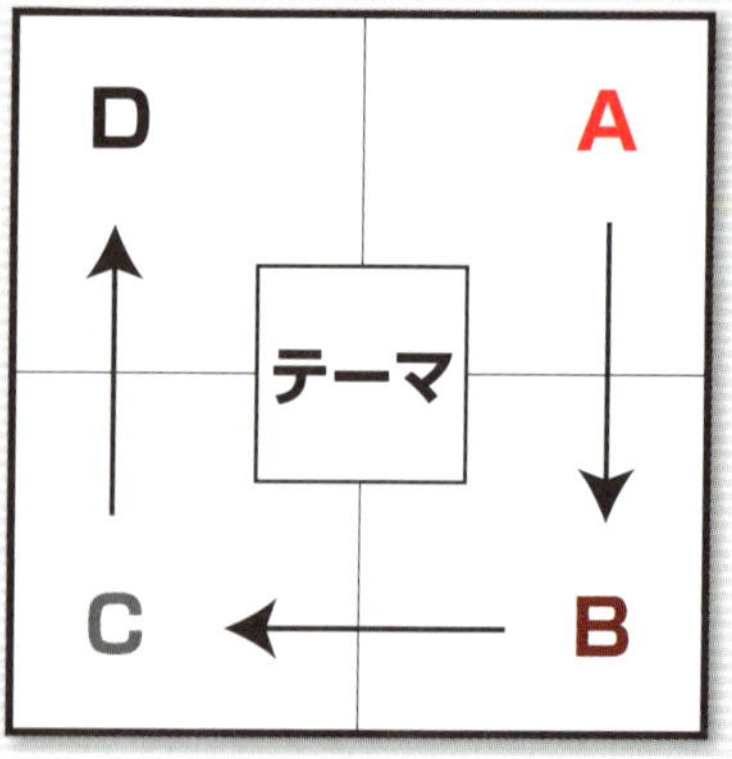

●これを盛り込め！

〝いいスピーチ〟になる本筋のネタづくり5ポイント

1 **新鮮で興味深い話**を入れて、「へー」という驚きを引き出す

2 **エピソード**や**自分の経験**を入れて、現実的に感じてもらう

3 難しい話には、**たとえ話**や**ていねいな説明**を入れて、わかりやすく

4 意見や概論には、必ず**理由**を入れて説得力をもたせる

5 漠然とした話には、**数字**や**固有名詞**を入れて具体的にする

※自分が聴き手になったつもりで、「いまのはわかりにくい」「たとえば？」「どうして？」などツッコミを入れながら話を考えると◎

●すっきり！ わかりやすい！

スピーチメモの作り方

※キーワードから、連想ゲームのように内容を文章化できるようにしておく。

たとえば、「昇格条件」というキーワードであれば、「昇格条件には、転勤ができること、勤務時間を柔軟にできることなどがあり、そのため女性たちは～。これは私の友人の話ですが～」と、文と文の流れを連結して覚えることで、すらすらと出てくるように。

読みやすいように（太字＋色分け）

キーワードのみ箇条書きで

テーマ：女性活用の現状と今後の課題

A現状（5分）

●就業者 41.4%・管理職 10.1%←昇格条件・成果主義・家庭

●賃金格差 66%←性別分業・派遣労働者

●出産7割離職→M字カーブ

B課題（10分）

●企業（勤務時間・職場復帰…）

●政府（制度・託児所……）

●家庭（家事分担・意識改革……）

C対策（10分）

※第3次男女共同参画基本計画（2011/12/17）

クオータ制・公務員 30%・男性育児休業 1.72⇒13%※ウーマノミクス・ノルウェーの例

Dまとめ（5分）

働き方の柔軟性・意識改革・制度・セーフティネット

記号の意味を決めておく
← 理由は
→ だから
⇔ 同様に
※ 補足すると
など

数字や固有名詞は正確に

●原稿丸読みは、伝える力がダウン！

スピーチメモを原稿にしてはいけない5つの理由

1 原稿ばかりを気にして、聴き手を見なくなる

2 棒読みになり、話し言葉の抑揚と間がなくなる

3 どこまで進んだかわからなくなる

4 時間や構成など柔軟に変更しにくくなる

5 話に感情がこもらず説得力がない

23

つかみ

相手の心を「つかむ」話は、簡単にできる

＊真面目な話ほどつまらないものはない

聴いた話が、どれだけ記憶に残るかご存じでしょうか。
実は、ただ聴いているだけでは、ほとんど残っていないという事実があるのです。強烈な印象をもったり、話の後で、復習や実践、人に教えるなど、アクションを起こしたりしない限りは、ほとんどのことは、記憶に埋もれてしまいます。講演などを聴いているときは、「なるほど～」と納得していても、後でだれかから「どんな話だった？」と聞かれても、「うーん……」と返事につまってしまう人が多いはずです。
特に、スピーチや講演は、知的で真面目な内容が多いので、あまり感情の揺れがなく、聴いているうちに思わず、コックリ、コックリ……となってしまったり、集中力がとぎれて、別のことを考え始めたり。最初から最後まで集中して聴くことは至難のワザ。
つまり、**話す立場側から見ると、相手は、思うほど、話を聴いてはくれないということを前提に考えたほうがいいでしょう。**自分は、話す内容について、思い入れも理解も

ありますが、聴いている人にとっては、ゼロからの出発なのです。

私も、あちこちで講演をやるようになった当初、苦い思い出があります。情熱をもって「これもあれも聞いてほしい！」とあれこれ内容を考え、何度も練習をして講演に臨むのですが、どうも聴き手の反応がいま一つ。寝ている人が目立ったり、おしゃべりが聞こえてきたり。それでは、と考えてきたジョークを披露しても、すべるばかり。一刻も早く演台を降りたくなったことも、しばしば……。

そこであるとき、「どうにでもなれー」とばかりに、考えてきた内容を中断して、「私はいま、こうして偉そうに話をしていますが、つい2年ほど前は仕事もお金も住む家もなかったんです」と、身の上話を始めました。すると寝ている人が起き、聴いている人の目の力が変わり、会場は温かい空気に包まれました。そこで気づいたのです。

独りよがりの真面目な話ほど、つまらないものはない。気楽に聴ける楽しい〝おしゃべり〟が、いちばん、人の心を「つかめる」のだと。

もちろんテーマに合わせて話をしていくことは大事ですが、話を聴いてもらうためには、スピーチのなかに、ときどきこの「つかむ」話を盛り込むことです。話に引きこむにはテクニックが必要です。〝テクニック〟といっても、そんなに難しいことではありません。次頁の5つのポイントを使うだけで、「つかむ」ことは簡単にできるのです。


POINT!★肩の力を抜いた楽しい話で「つかむ」

ワンランクアップ 愛される人【つかみ】のテクニック

1

共感　「そうそう！」と
おしゃべりをするような感覚で

「これだけ寒いと、布団から出たくないですよね」

・天気・季節
・その日のニュースや最近の話題
・会場の様子や感想

2

意外性　「なにそれ？」「え〜？」
という驚きで関心を引く

「実は、地球は赤かったんです」

・常識を覆すこと、「ちがうでしょう」と思われること
・意味がわからないこと
・驚くような情報
・目からウロコの意外な考え

3

自己開示　オープンに自分を
見せると、聴き手も心を開く

「私、働きすぎて5つもの病気を抱えてしまったんです」

・ちょっと驚くような実体験
・聴き手が共感する経験や考え
・正直で飾らない気持ち

4

視覚への刺激　新鮮な素材で
楽しい雰囲気に

「こちらをご覧ください。おもしろいでしょう」

・写真
・表やグラフ、イラストなどのボード
・現物・参加者が触れるもの

5 「問いかけ」と「動かすこと」

聴き手を参加させて巻き込む

❖「さて問題です。もし、あなたが宝くじに当たったらなにに使いますか？」

・質問やクイズで考えさせる
・座席のいちばん前の人と話す
・いじりやすそうな人と会話する
・グループで話し合う場を設ける
・テーマに沿った実験をさせる
・体を動かす（気分転換の体操など）

残念な人の「つかみ」

過激な悪口や批判がつかみだと思っている人

「日本の大臣たちのレベルは最低ですよ。今の内閣では……」

時事ネタなどの辛口批判や有名人の悪口などは、一瞬盛り上がることもありますが、批判ばかりでは、話し手の人間性が疑われることに。悪口、批判が許されるのは、愛情をベースに感じられる人だけ。

「仕込んだ笑いがつまらないワケ」

和やかな雰囲気をつくる
笑いはその場の流れで

よほど慣れた人でない限り、仕込んだネタで笑わそうとしても、うまくいきません。その場の雰囲気はその場その場でちがい、笑いのツボは読めないからです。

お互いに硬くなっている状態ですべったときは、本人だけでなく、周りも戸惑い、さらに重たい空気が漂います。確実に笑いがとれるネタであればいいですが、最初から「笑いをとろう！」と気負わず、楽しい話題をところどころに入れて、「結果的に笑ってもらえたらラッキー」というぐらいの気持ちで話したほうがいいでしょう。

「つかみ」のタイムテーブルの一例

A あいさつ

冒頭は聴き手がいちばん注目しているとき。まず最初の10秒で「いい感じの人だな」と安心させることです。あいさつは一礼して笑顔で元気よく。周りを見渡して一呼吸すると、落ち着いてくるはず。

B 自己紹介

聴き手が知らない人であれば、簡単な自己紹介を。ここは、相手の緊張を解きほぐして、親しみを感じてもらうチャンス。好感をもってもらったら、聴く態度が積極的になって、スピーチはやりやすくなります。自分の意外なことや共感できることを世間話のように話して、和やかな雰囲気をつくって。

「こんにちは！」あいさつで気合い
楽しい人だな 好感をもてる人！
へ～ なるほど～
おもしろーい
A あいさつ
B 自己紹介
C 話の導入
どんな話をしてくれるんだろう
D 本論・前半
質問
爆笑

C 話の導入

ここではスピーチのハイライトを話して興味を引きつけて。「今日は、整理収納についてお話しします」というより、もう少し詳しく。

「断捨離という言葉が流行りましたがご存じでしょうか（反応を見て説明）。今日は整理収納のテクニックだけではなく、気持ちや考え方の整理についても、お話ししたいと思います。この話を聴いたら、すぐに家に帰って片づけをしたくなるかもしれませんよ」というように。

D 本論・前半

本論も出だしが肝心。「家がぐちゃぐちゃな人は、頭のなかもぐちゃぐちゃなんです」など少々インパクトのある言葉や、意外なエピソードから始めて。また、聴く集中力がある前半は、時折、自分の体験談や聴き手への問いかけを入れてリラックスした雰囲気で。

大事なところでは一本調子で話すのではなく、「ここからが重要です」と伝えたり、キーワードを繰り返したり、間を空けてゆっくり話すなどして注意を促して。

E　本論・後半

聴く集中力も途切れてくるので、視覚的な刺激や実験などを入れてもいいでしょう。「共感」をもたれ、「意外性」のある話を盛り込んで、メリハリをつけて。中だるみが気になるようであれば、リフレッシュできる体操やワークを入れるのも一案。ただし、本筋からあまり外さず、結論に向かって盛り上げていくように。

F　まとめ

「今日のポイントをおさらいします」と話の内容を要約して繰り返すと、再度インプットして記憶が定着。「最後に、みなさんに宿題があります」（というと「え〜」と言われるでしょうが）「大丈夫。提出はしなくていいです。みなさんがいちばん不必要だと感じたものを、今日のうちに捨ててみてください」というように、行動を促す仕掛けがつくれたら、そのスピーチは〝結果〟を残せることになるでしょう。

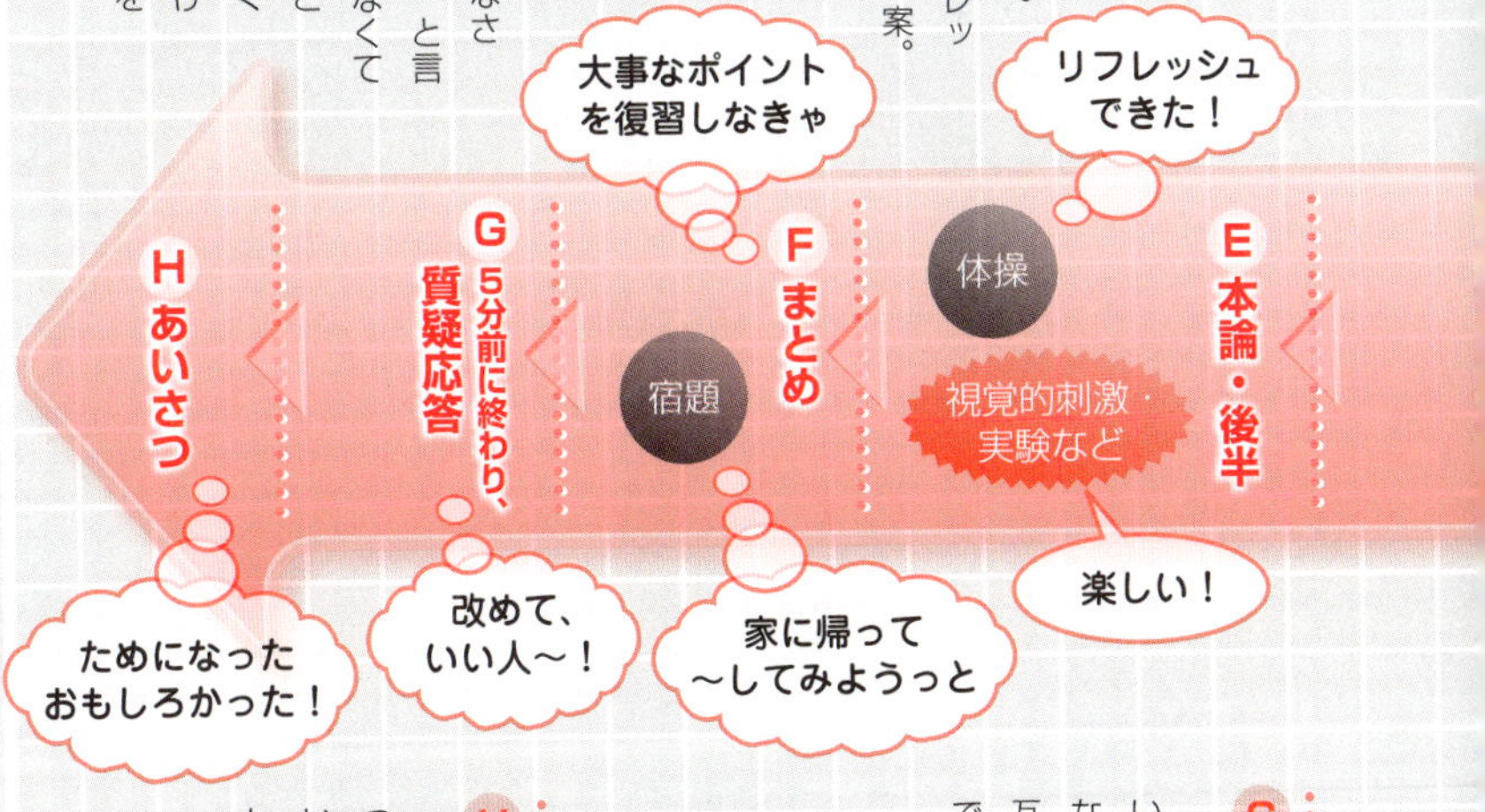
E 本論・後半
F まとめ
G 5分前に終わり、質疑応答
H あいさつ
体操
宿題
視覚的刺激・実験など
リフレッシュできた！
大事なポイントを復習しなきゃ
楽しい！
家に帰って〜してみようっと
改めて、いい人〜！
ためになったおもしろかった！

G　質疑応答

質問をしてくれる人は、ありがたい人。お礼やほめ言葉を伝えて誠実な返答を。スピーチが終わって、お互いにリラックスしている状態なので、ざっくばらんに話す感覚で。

H　あいさつ

最後のあいさつも、最初のあいさつ同様、元気よく「ありがとうございました」と一礼。最後の締めで、しっかり終わった印象を残して。

24

朝礼スピーチ

気持ちよく聴かせる「3分間朝礼スピーチ」とは

＊いちばんは、肩の力を抜いて明るく話すこと

「あぁ、朝礼の3分間スピーチがまた回ってくる。憂うつだわ……」

そう思っている人も多いのではないでしょうか。

私もそんな時期がありました。同じ職場の上司や同僚たちの前でしゃべることを考えると、気が重くて会社にも行きたくなくなるほど。

こんなに重荷だった理由は、二つあります。

「こんな話をしたら、自分のレベルが問われるのではないか」「失望されてしまうのではないか」という気持ちで、ネタ探しに苦労したこと。

そして、うまくしゃべれるか不安だったこと。

でも、いまになって思うと、それほど気負うものではなかったのです。

おそらく、朝礼スピーチを実施している会社は、「論理的に伝える能力を養う」「職場のコミュニケーションを円滑にする」などの目的があるのでしょうが、一社員に「すば

らしい話を聞かせてくれ」と期待している人はいないはずです。

「いい朝礼スピーチとはどんなものか」は、話を聴く立場になってみればわかります。**ほっと心が和んだり楽しめたり、ちょっと新鮮な話をすれば、それで十分。**

たとえ上司の立場で話すにしても、ひとつのテーマだけに絞って、堂々と明るく元気に話しさえすればOK。「がっかりした」と受け止める部下はいないでしょう。

「とはいっても、やはり話すのは気が重い」という人は、最近、少しでも気になったこと、心を動かされたことを話すといいでしょう。

「こんなことがあった」⇓「こんなふうに考えた」。「こんな本を読んだ」「テレビでこんなことが話題になっていた」「こんな話を聞いた」⇓「こんな感想をもった」と、事実やエピソードから入って、最後は自分の考えたことで終わらせるのです。

そして、「気になったので調べたら〜」「自分で実践してみたら〜」「友人に話したら、こんな意見もありました」と、3分あればいろいろと膨らませることができます。

世間で出回っている話題や時事ネタなどもいいですが、身の回りの「営業先でこんなことがあって〜」「この職場で働いて3年になりますが〜」「いま〜に凝っています」などの話題から感想や感謝、新しい情報を提供するといいでしょう。どこからか話題を引っ張ってくるより、自分が楽しく話せる話がいちばん人の心をとらえるのです。

 POINT!★身の回りで「心を動かされたこと」をネタに

ワンランクアップ
愛される人【朝礼スピーチ】のテクニック

1 ひとつのテーマだけを、具体的に、わかりやすく

3分であれば、ひとつのことだけに絞り、膨らませたり掘り下げたりして、話を組み立てて。最近の出来事や気になった情報など、「事実」から始めて、「自分で考えたこと」を最後に。具体的な数字を盛り込んで現実感をもたせたり、たとえ話を盛り込んでわかりやすくするなどの工夫も大事です。

2 ネタは、心が動くことにアンテナを張り巡らして

友人同士で話題になったこと、祖父母から聞いたこと、街の中で見たこと、仕事をしていて気づいたことなど、心が動いたネタは、すぐにメモしてストック。

人からの受け売りではなく、自分の立場からの切り口で話したほうが好感が得られます。だれもが知っていることより、自分の得意分野や関心があることなど、ニッチな話題のほうが新鮮で力強く響きます。

3 リハーサルをすることで、肩の力が抜ける

すらすらと話して時間通りに終わるために、リハーサルは必須。また、実際に声を出すことでスピーチの悪い点が確認でき、直す点が見えてきます。何度かリハーサルすると落ち着いて話せ、明るい表情で周りの人を見る余裕も。朝礼スピーチは、伝える力を伸ばしていくチャンス。人前で話す能力を上げるためには場数を踏むことが必要。逃げていないで、「成長を確認できる場」ととらえ、前向きに取り組んで。

残念な人の「朝礼スピーチ」

新聞の社説やテレビのコメント、本の話を自分の意見のように話す人

「エコな生活をやればやるほど、無駄を出すことになるんです」

「それは、だれかからの受け売りでしょう?」という話は、話と本人との間に無理や違和感があって、ほとんどわかってしまうもの。自分の意見をもたない証拠で、愚かに見え、聞くほうも辛くなります。「新聞で～と読んだが、自分の考えは少しちがう」など、自分の考えとのギャップや疑問点を伝えたほうが信頼度はアップ。ひとつの情報をうのみにしないで、積極的に自分の意見を出して。

25

あがり症対策

プレッシャーと仲良くする「あがり症対策」

＊準備の徹底と、考え方の転換で、〝あがり〟解消

あがり症の要素は、多かれ少なかれ、だれもがもっているといいます。

スピーチのとき、過度な緊張のために赤面したり、ドキドキして話す内容を忘れてしまったり、声がうわずってしまったり、言いたいことが思ったように言えなかったという経験は、多くの人があるでしょう。

私もどれだけ場数を踏んでも、やはり緊張します。

緊張はどこからくるんだろうと考えると、「失敗したらどうしよう」「聴いている人に失望されたらどうしよう」……この「どうしよう」という不安な気持ち。さらに突き詰めると、その根底にあるのは「そんな状況になりたくない」という〝恐怖心〟です。

その**〝恐怖心〟を払拭するいちばんいい方法は、やはり何度も練習しておくこと。**

自信のなさが恐怖心を大きくするので、「普通にやれば、大丈夫だろう」と思える状態になるまで、準備を怠らないことです。よっぽど慣れた人でないかぎり、**行きあたり**

ばったりでスピーチが成功することはありませんから。

また、真面目な性格の人は、あがりやすいと言います。「失敗したら大変」と大げさに受け止めてしまうので、さらに恐怖心は助長されます。

でも、私はこの恐怖心は、悪いものではないと思っているのです。前向きにとらえると、恐怖心があるから「そうならないようにがんばろう」と準備に気合も入ります。

そしてスピーチ本番のときは、「あとは、楽しんでやろう。私の話を聞いてね」という心境。まさに、できることをすべてやって試合に臨むスポーツ選手のように。

多くの人の目が一斉に自分のほうに向けられると、「人は自分のことをどう思うんだろうか」「少しでもよく思われたい」という心理が働くことも否定できません。

でも、そんなときに思うのは「自分はそれほど大した人間じゃない。うまいスピーチはできないけれど、精一杯やって、聴いている人がひとつでも感じてくれるものがあればそれでいい」ということ。**「自分がどう思われるか」ではなく「相手がわかってくれるか」**と、相手に理解させることに意識を集中すると、自然と緊張は解かれていきます。

そしてスピーチといえども、結局は一人ひとりに向けた〝対話〟です。ひとりが熱心に聞いてくれるのをイメージして話すと、硬い表現ではなく、やわらかいしゃべり口調になります。次頁では、あがり症の人のための、ちょっとした対策をご紹介します。

ワンランクアップ

愛される人【あがり症対策】のテクニック

自分に合った方法を選んで！

1 失敗したくないなら練習する

「ちゃんとまとまるだろうか」「時間通りにいくだろうか」というような不安がなくなるまで構成を考え、声に出して練習するのみ。一字一句丸暗記するのではなく、メモを見て、内容が順序よく伝えられればOK。

2 「緊張しています」と白状する

ある有名セミナー講師が、胸を張って堂々と出てきてひと言。「これでも緊張しています。よく思われたいって気持ちがあるから緊張するんですよね」。その瞬間、会場は大爆笑。「緊張しています。でも、がんばります」とオープンに伝えると、リラックスした空気が生まれ、親近感をもってもらえます。

3 最初は一点を見て、視線を定める

どこを見ていいかわからず、視線をキョロキョロと動かしていると、いろいろな人の顔が飛び込んできて緊張してきます。後方の貼り紙、顔がはっきり見えない後部の緑色の服の人など、一点を中心に、ときどき、ぐるりと会場を眺めるようにして。慣れてきたら、聴き手の顔を一人ひとり見るようにするといいでしょう。

4 味方になってくれる人を見つける

どこの会場にも、ひとりか二人は大きくうなずきながら熱心に聴こうとする親切な人がいるはず。そんな人たちに向けておしゃべりをする感覚で。相手に質問を投げかけることでも、リラックスした雰囲気がつくれます。ただし、視線はほかの人にも平等に。

5 スピーチ前にだれかと関連の話をする

スピーチをする前に、担当者や同僚など、そこにいる人とテーマに関する話でおしゃべりをして、同じような感覚をスピーチにもちこむと緊張がほぐれます。〝大勢〟に向かって話しているのではなく、普段通りに〝たったひとり〟に向けて語りかける感覚で。また、いきなり会場に入るのではなく、事前に見学して空気に慣れたほうがベター。

6 うまく話している自分をイメージトレーニング

家族や友人に一生懸命話している自分、かつて司会がうまくいった自分、後輩にうまく説明できている自分など、過去に経験した「平常心でうまく話せたな」という自分の姿をイメージして、同じように振る舞って。練習のときにイメージトレーニングするとさらに効果あり。

7 「こんなふうに話したい！」という人になりきる

「堂々と話せていいな」「この人みたいに話したい」という人が、周りでも、有名人でもひとりはいるはず。その人の話し方、視線、顔の表情などをよく観察して、なりきってスピーチ。つまり、〝女優〟になればいいのです。YouTubeやDVDで理想とする人の講演動画を見て、イメージを強くもつのも一策。

8 深呼吸で「失敗イメージ」を吐きだす

スピーチの少し前に、イヤな気持ち、ネガティブなイメージをお腹から全部吐きだすように、口からフーッと全部の息を吐きます。「話せる自分」のイメージを取り入れるように、鼻からスーッと吸い込むようにして、また吐く。落ち着くまで、ゆっくり何度も繰り返して。

26

スピーチ・見た目と声

愛されるスピーチは「見た目」で決まる！

＊話し手の人柄や気持ちは、外見に表れる

見落とされがちですが、とても大事なスピーチのポイントがあります。

それは、表情、目線、姿勢、服装などの〝視覚〟からの情報と、声の大きさ、速さ、トーンなど〝聴覚〟からの情報。

たとえば、話し手がムスッとした表情で、目線を落として小声でボソボソとしゃべっていたら、どんなにいい内容の話であったとしても、聴く人は親近感をもてず、次第に他のことをし始めます。話の内容は半分も頭に入っていないかもしれません。

視覚と聴覚が、無意識に「この人とは仲良くできないよ〜」と訴えているのです。

反対に、明るく元気に一人ひとりの顔を見ながら、丁寧にしゃべっていたらどうでしょう。話の内容はともかく、親しみを感じて「この人の話は聴いてみよう」という気持ちになります。それは、スピーチであっても、一対一の出会いであっても変わりません。

人は、理屈抜きに、心を開いた人には、好感をもってくれます。そして温かい空気で

包みます。それが、どれだけ話し手を勇気づけるか、スピーチをしたことのある人であれば、だれもが実感できるでしょう。

特に話をするときに効果的なのは、笑顔です。

私は、ほとんどの人が私のことをご存じではない場所に、講演に行くことがあります。最初は参加者も緊張した面持ち。「この講師は一体どんな人だろう」とうかがうような表情で見ています。なかには講演慣れしていて「つまらない話をしないでくださいよ」と横柄な態度を示している人もいます。スピーチの冒頭で「こんにちはー！」と笑顔で元気にあいさつしても、笑顔で返してくれるのは二、三人の女性だけ。

でも、**そんな状況でも、とりあえず笑顔で話しかけるのです。**ずっと笑っていなくても、一文の終わりにだれかと目を合わせて、にっこり……というように。すると、10分、20分するうちに、自分の味方のような人が会場のあちこちに広がっているのがわかります。リラックスした様子で、にこにこと聴いている人たちが増えているのです。

そうなればしめたもの。こちらも肩の力を抜いて、最後まで話し続けられます。

表情だけでなく、姿勢、服装、声の大きさ、速さ、トーンなどもスピーチの一部。見た目と声で人柄を出して、愛される雰囲気をつくり、話の内容で信頼される……そんなスピーチを目指してください。

 POINT! ★見た目と話し方で愛され、内容で信頼される

スピーチは“見られている”！
「見た目」のポイント

【表情】
●基本は笑顔。重要な部分では、真剣な表情で語りかけるように
●ずっと笑っているのではなく、穏やかな表情で話し、話の区切りでにっこり

【髪】
●すっきり顔が見えるように。髪をかきあげたり、触ったりすると見苦しい印象

【視線】
●できるだけ、まんべんなく会場を見渡し、一人ひとりの顔を見る

【姿勢】
●背筋を真上から吊り下げられているようにピンと伸ばして、胸を張る
●顔はまっすぐ前を向いて、あごを少し引く

【口】
●口角を上げて微笑む表情をつくり、はっきりと発音する

【服装】
●その場のTPOに合わせて清潔感があり、きちんと整った服装を。特に靴の汚れ、ストッキングの伝線に注意

【手】
●前で軽く重ねるか、演台の上でそろえる

【身ぶり】
●数字や形などジェスチャーで示すときは、大きくゆっくりと
●手でなにかを指し示すときは、ひじを少し曲げ、指先をそろえて1～2秒とめる

【足】
●肩の力を抜いて自然に立つ
●右足を少しだけ後ろに引くと安定感がある

Speach

スピーチは「声の表情」が決め手！

◉基本は腹式呼吸でお腹から声を出し、明るく歯切れよく

●声の大きさ

少し大きめを意識して

●声の高さ

安定感をもって聴ける高さで抑揚をつける

●声の速さ

自分の個性に合った適度な速さで。場面や相手によって、速さを変えると効果的

- ●速い……快活、元気、勢いがある
- ●ゆっくり……冷静、ゆとりがある、信頼できる

●間

重要なポイントの前、聴き手に語りかける前などに、間を空けると、メリハリができる

27

プレゼンテーション

プレゼンテーションは演出力がキモ

パワーポイント、資料、写真、モノ、人を総動員して

プレゼンテーションとは、商品や情報などを提示して、相手に説明すること。新製品の発表や売り込み、企画提案、成果報告などの目的で行われています。

自分でやったり、だれかから受けたりして、「プレゼンテーションは難しい」と感じている人も多いのではないでしょうか。

でも、プレゼンテーションは、それほど難しいものではありません。

なぜなら、パワーポイントや資料、写真、現物など、いろいろな〝脇役〟たちが、〝主役〟のあなたが話すのを応援してくれるのですから。

ただし、これには演出力が要ります。悪い例として、プロジェクターの画面が文字ばかりで見にくかったり、説明がだらだらと長いようでは、聴き手も拒否反応を見せてしまうでしょう。ここぞ!という見せ場をつくって、簡潔でわかりやすいグラフや図を示したり、リアルな写真を登場させたり、モノを出して実演したりすると、「おぉ!」と

ばかりに、聴き手はぐいぐい引き込まれていきます。そんな効果的なアプローチが重なっていくと、「なるほど〜。いいね！」と、納得を引き出すことができます。

こういった〝飛び道具〟は、話しベタや、あがり症の人にとっても、強力なサポーターになってくれます。

ただし、これには周到な準備が必要です。聴き手を納得させるためのシナリオと演出を考え、何度もリハーサルを重ねること。そして、脇役が登場しても**主役はあくまでも話し手であることを忘れないこと**です。自信たっぷりにしゃべる〝演技力〟がものをいいます。

そして、**プレゼンテーションで、いちばん大事なのは、〝わかりやすさ〟。**

あれもこれもとよくばって話しても、専門的な難しい言葉を用いても、聴き手の心をとらえることはできません。ひとつのことを、どれだけ明快に表現できるかがカギ。

これまで人気のあった総理大臣や大統領、テレビ通販の紹介者、ニュースの解説者たちは、言葉が短く、子どもでもわかるような、単純明快な説明をしていたはずです。

的を射たわかりやすさがあるほど、納得力は増していきます。

まずは、聴き手の集中力が高まっている最初の5分で、いちばん伝えたいことを簡潔に伝え、あとの時間は、その具体的な証明に充てるといいでしょう。


 POINT!★明快なわかりやすさが、納得力を高める

ワンランクアップ

愛される人【プレゼンテーション】のテクニック

1 コンセプトをわかりやすい一文で表す

「この商品コンセプトは、〝耳つぼジュエリーで貼るだけダイエット〟です」

聞いただけで、だれもがすぐに理解できるコンセプトを作り、プレゼンテーションのなかで何度も繰り返します。聴き手に印象が残り、親しみをもってもらうように。

2 写真やモノは時間をかけて十分に説明する

「こちらの写真が耳つぼジュエリーを貼ったときの様子です」

写真を使った説明や実演をかけ足で通ると、聴き手はなにも考えずに説明を聞くだけになります。速すぎると、よく理解できないことも。じっくり観察して考える時間を与えて。

3 データや推移をグラフや図で視覚的に表現してリアルさを出す

「女性の9割がダイエット経験者です。内訳は、こちらのグラフをご覧ください」

プロジェクターに表示するデータは、細かいものでなく、簡略化されてひと目でわかるものを。文字は少なめにして構図や箇条書きで表すと、わかりやすくなります。スピーチと文字の表現を一致させて、丁寧に説明すること。

4 「事例」に数字を用いて具体的に示す

「10人に試したところ、4週間で平均1.5キロやせた結果が得られました」

説得の証明となる事例は、数字を用いて具体的に。写真を用いるのも効果的。どれだけリアルさを出して、納得させられるかが勝負。

5 「たとえ話」でわかりやすく

「女性はオリジナル商品に弱いんです。たとえば……」

断定するときは、それを裏付ける理由や、たとえ話を出して。できるだけ、だれもがわかりやすくて、的を射た説明になるように。

6 最初の5分で心をつかんで、その後は具体的な証明、最後の5分で再確認

「最後にもう一度、この商品のヒットする理由を申し上げます」

最後に聴き手に感じてほしいのは、「なるほど。そうだよな」という〝共感〟。まとめは、ゆっくり間をもたせて伝えて。

✣ここからは、基本的なことだけど、大切なことや、様々なコミュニケーションのベースになることを紹介します。

28

あいさつ

笑顔のあいさつは、自分から扉を開くこと

＊どんな人にも興味をもって、可能性を信じて

人は、初対面のほんの数秒で相手をチェックし、「自分にとって、どんな人か？」を無意識に判断しているといいます。「仲良くなれそうな人だな」「やさしそうな人」「ちょっと怖そう」「話しかけづらい……」。そんな第一印象をもつでしょう。

ところが言葉を交わすと、

「あれ、意外と話しやす～い」「おもしろい人！」「友だちになれるかもしれない」「ちょっと、ちがうかな」と、また別な印象が出てきます。これを第二印象というとか。

第一印象が見た目で、第二印象は、内面中心。この第二印象こそ、「その人のイメージ」として心に留まり、人間関係をつくる基礎になるのです。

さて、第二印象をつくる最初のきっかけは、まず〝あいさつ〟です。

とても大切な機会なのに、意外と軽視されていることが多いよう。

あいさつの決まり文句を口にするだけで、表情のない人。自分からは会話をしようと

しない受け身の人。作り笑いで、目がどこか別の方向を見ている人……。そんな人は、もしかしたら「仕事だから付き合わなきゃ」「この人と仲良くなることはないな」なんていう気持ちをもっているのかもしれません。もしくは、まったく眼中にないのか……。

でも、これってとっても損！　なぜならそう感じた人が、実は大きな仕事や素敵な恋人、結婚相手を紹介してくれる人生のキーマンかもしれないし、数年後にまた知り合って一緒に仕事をする……なんてこともあるかもしれない。意外な一面や背景をもっている、おもしろい人物かもしれないんですから。

そんな人との未来を自分から閉ざしてしまうことはありません。

人生の展開は、一歩を踏み出すだけでとんでもなく好転することがあるのです。

これだけ多くの人が生きている世界で、同じ時間、同じ場所で出会ったのは、やはり、なにかの縁があるということ。「この人と、なにかおもしろいことが起きるかもしれない」「この人は、意外な人かもしれない」と、いろいろな可能性があることを信じて、自分から声をかけてみましょう。声をかけられたら、みんなうれしいのですから。

ここでも、まずは笑顔のあいさつが始まり。自分から扉を開いて、「さぁ、どうぞ！」「ようこそ」と相手を招き入れることからです。人は、自分に興味をもってくれる人、好きになってくれる人を、同じように好きになるのです。

POINT!★「なにかおもしろいことが起きるかもしれない」と期待する

あなたをキラキラに輝かせる あいさつ

1 あいさつと笑顔は〝先手必笑〟

〝先手〟がポイント。だれでも、自分から声をかけたり笑いかけたりするのは勇気のいること。でも自分から声をかけると、相手はほっとして、あなたに好意をもつようになります。勇気のあるぶん、得点高し。見たことのある程度の人にも、進んで声をかけましょう。相手をまっすぐに見て、自分から表情豊かに、にっこり笑いかけて。

2 最初の一文字の発声をしっかりと

「はじめまして」の最初の一字「は」、「こんにちは」の「こ」を強めに、お腹から声を出すつもりであいさつして。大きな声で言えたら、あとは緊張がほぐれて次の言葉も出てくるはず。はっきりしない声、ぼそっと小さい声はマイナス印象です。

3 身だしなみは侮れない

第一印象は視覚からの情報が8割だといいます。人は外見で他人を判断するもの。特別に気合いを入れる必要もありませんが、好感をもたれるのは清潔感のある身だしなみ。髪型、服装、メイク、爪、足元は要チェック。

4 だれにでも平等に接する

「この人と仲良くなったら得になりそう」「この人と仲良くする必要はない」などと人を振り分けて接していると、その態度は周りの人に伝わります。ひとりでいる人や話しかけづらそうにしている人にも、こちらから話しかけるなど、場の雰囲気も大切にして。

5 「よく思われたい」という気持ちは捨てる

最初の印象をどれだけ取り繕っても、自然に自分の姿は出てくるもの。「よく見せよう」「自分をわかってもらおう」という自分への意識はいったん忘れて、「相手をわかろう」と相手に意識を向けること。オドオドしないで「いつもの自分でOK」と、リラックスすることが大事。

6 第一印象で判断しない

第一印象で人は判断されるものですが、自分は第一印象だけで相手を見ないこと。偏見や思い込みが、相手との可能性を狭めてしまいます。「ひょっとしたら……」と意外な一面が出てくることに期待して、相手をどーんと受け入れている気持ちを示しましょう。

あいさつは交わしたけど、
こんなときは、どうする!?

どこかで会ったような気がするが、思い出せない!

相手の顔をマジマジと見て、「どこかでお会いしましたっけ?」なんて聞くのは、相手によっては失礼。なかにはお世話になった人である場合もあります。

「名刺交換をしたことがあるけど、どこの会社の人か思い出せない」という程度の人から、「相手は親しげに話してくるが、自分はわからない」という場合まで、いろいろな状況があるので、次の4つから臨機応変に選んで。

1 会話のヒントから導き出す

「お仕事はお忙しいですか?」「先週の雪は大変でしたね。大丈夫でした?」などと、当たり障りのない会話から記憶を手繰り寄せて。相手が大きなキーワードや共通の知人の名前など話すと、一気に記憶が蘇る可能性大。ただし、知ったかぶりをすると危険な場合も。

2 周囲からおしえてもらう

その人が別な人と話している輪にさりげなく入り、だれであるのかをさぐってみましょう。その人を知っていそうな人に、「あの方は、どちらの会社の方ですか?」とそっと聞くのもあり。

3 世間話、自分のことを話しつつ逃げ切る

相手が話しかけてきて、わからない場合は、「私、最近、引っ越しまして……」「職場が変わりまして……」などと、自分の近況や当たり障りのない世間話をして、その場を切り抜けて。

4 素直に覚えていないことを話す

気軽に話せそうな相手なら、「以前、お会いしましたよね。なんだか素敵になっているのでわからなくて……」と言ってみてもいいかもしれません。「スリムになりました？」「髪型、変えました？」と、印象が変わっていることを伝えると、相手も悪い気はしないはず。

出会った人の名前をすぐに覚える方法

自分に合った方法を見つけて！

1 **会話の中で、何度も名前を繰り返す**
「本田さん、お休みの日にはなにをされていますか」

2 **同じ名前の有名人を連想する**
山口さん⇒山口百恵、山口もえ、山口智子など

3 **勝手にあだなをつける**
林さん⇒ハヤシライス、お囃子、ハヤッピーなど

4 **名前からイメージ映像をつくる**
高橋さん⇒高い橋に本人がぶらさがっている様子をイメージ

5 **名刺の裏に特徴を書いて、名前を覚える**（目の前では失礼なので後で）
（メガネ、ぽっちゃり、身長155㎝ぐらい、関西弁など）

6 **10分に1回ぐらいの割合で覚えるまで心の中で復習**

29

初対面の話題

初対面の話題は、肩の力が抜ける軽いものを

「質問」「ほめ」「共感」を口にして

「はじめまして。○○△△と申します」と自己紹介した後、しーん……。なにを話していいのかわからない。なかなか会話が続かない。会話の糸口がつかめない。そんな経験はだれでもあるでしょう。

でも、そんなに考えず、**ふと思ったこと目についたことを、どんどん口にすればいい**のです。もし名刺交換をしたら、「珍しいお名前ですね。どちらのご出身ですか」。相手のバッグが目に入ったら、「すてきなデザインのバッグですね。よくお似合いです」。なにかの立食パーティだったら、「ここの料理、おいしいですね。デザートがもうなくなっちゃいそうですけど」。

「疑問に思ったことを聞く」「相手のなにかをほめる」「共感できることを言う」……ね。できそうでしょ。

初対面の会話は、仲良くなるためのもの。大した話題でなくてもいいのです。

でも、「初対面では緊張して、うまく話せないよ～」という人もいますよね。

そんな人は、自分がクラブのママになったつもりで、接してはいかがでしょう。

「相手を楽しませること」だけに集中するのです。

緊張しているときは、「私、どう思われるんだろう」と、自分に意識が向いているもの。クラブのママであれば、自分のことはさておき、まず相手が心地よく過ごすことを考えるはずです。そして、いい関係ができたら、結果的にママも得をすることになります。

自分が店を経営していると考えれば、つまらないプライドや恥ずかしさ、恐怖心は吹き飛んでしまうでしょう。

一般の人間関係も、サービス業と同じだと思うのです。

「話しかけるのは億劫」「そんなに媚びることはないでしょう」「相手から話しかけてくればいいじゃないの」と思っている人の周りには、人は集まらないのです。

愛してもらおうと思ったら、まず自分が愛そうとすること。

相手を大切に思う気持ちが、これからの関係をつくっていきます。

だから、相手を楽しませるために、思いつく話題をどんどん口にしていきましょうよ。

会話は慣れ。実践しているうちに、だれでも必ずできるようになります。

話題を見つけにくいという人は次頁を参考に、話題を見つけていってくださいね。


POINT!★会話は慣れ。「相手を楽しませること」に意識を集中する

気軽にできる！ 話が弾む！
話題あれこれ

●名刺から入り、身近なもの、個人的なものに移っていく流れがスムーズ。でも、すぐに親しくなれそうなら、相手によっては、いきなり個人的な話ができる場合も。少しずつ近づいていく気持ちで話してみて。

B 目につくもの・聞こえるものから

テーブルの上にあるお茶碗、壁にかかっている絵、相手が使っているペンなど、目につくものを、子どもが無邪気に「おもしろーい」「それ、なに?」と話す感覚で、気軽に話題にして（ただし敬語で）。

名刺から A

目につくもの B

A 名刺から

名刺は相手の顔。表、裏を眺めると、「あれ?」と気づく点が出てくるはず。特徴的な名刺をもっている人は「コミュニケーションをとりたい」という気持ちの表れ。つっこんでくれるのを待っているはずです。

Ⓐ**会社の業務**「○○課というのは、どのようなお仕事をされているのですか」

Ⓐ**商品**「いろいろな商品を扱っていらっしゃるのですね。どんな商品がおすすめですか」

Ⓐ**名刺自体について**「すてきなデザインの名刺ですね。これだと忘れられませんね」

Ⓑ**服装・ヘアスタイル・持ち物など**「凝ったデザインのネックレスですね。外国製のものですか?」

Ⓑ**相手の表情・姿勢・声など**「笑顔がすてきですね。○○さんが笑うと、パーッと空気が明るくなるようです」

Ⓑ**料理**「今日の料理は、野菜中心でヘルシーですね。パスタがおいしかったですよ（と勧める）」

Ⓑ**会場や備品**「ここのホテル、初めて来たんですが、思った以上におしゃれでした。休日のランチにも使えそうですね」

C 天気・季節の話題、世間話

相手を選ばないのが、天気、季節の話題。世間話は、あまり知られていない話題よりも、だれもが知っていて、共感できる軽い話題を。

D 相手や自分の話題

質問するときは、いきなり聞くより「～なので聞いてみた」「私は～ですが、○○さんはどうですか」などさりげなく

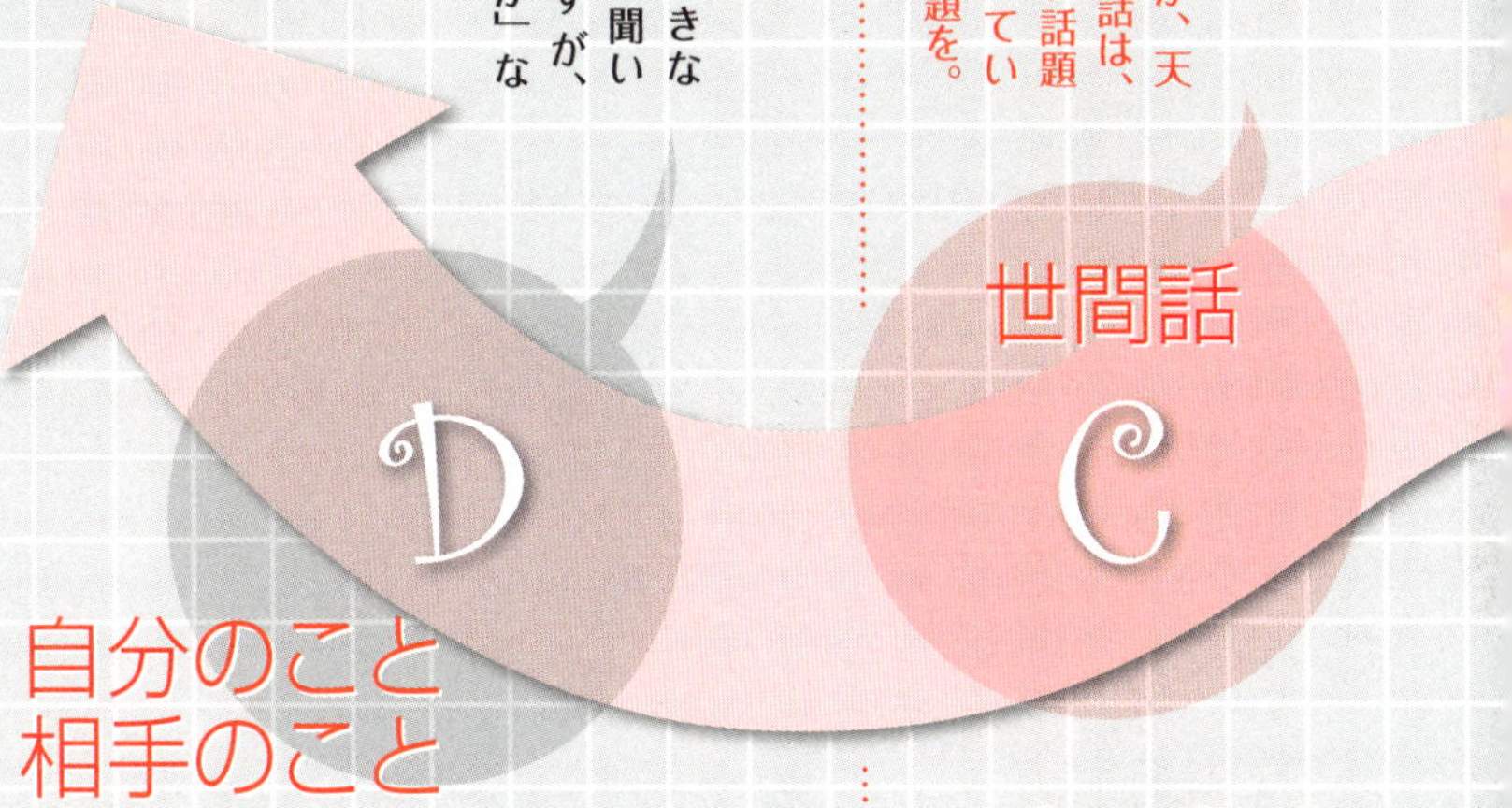

ⓒ季節「この時期は、街のあちこちで桜がきれいですよね。お花見は行かれますか?」

ⓒ来る途中の出来事、感想「ここに来る途中の商店街、下町っぽくて風情がありますね。小さな商店が元気な街って大好きです」

ⓒニュース・スポーツなど「今度のサッカーのアジア杯決勝、楽しみにしているんですが、○○さんは観られますか?」

ⓓ食べ物「先週、行列ができる人気のラーメン店××に行ってきました。並んで食べる価値がありましたね」

ⓓ最近読んだ本、観た映画「芥川賞を受賞した私小説『○○』を読みましたが、久しぶりに夢中になっちゃいました。△△さんは、どんなジャンルの本が好きですか」

ⓓ健康法「パソコンを見ていると目が疲れますよね。最近、ホットアイマスクを試してみたら、意外と効果ありましたよ」

ⓓ旅行「先日初めて、伊豆の温泉に行ってきました。温泉や旅行に行かれることはありますか?」

ワンランクアップ 愛される人【話題】のテクニック

1 相手との距離感を大事にする

判断材料は相手のリアクションと表情

人によって、積極的に仲良くなろうとする人、深くは関わろうとしない人、興味があれば乗ってくる人など、さまざまなタイプがいます。相手のリアクションや表情を見ながら距離感をはかることが大事。最初は控えめに話し始めて、相手次第で近づいていくようにするといいでしょう。

2 共通の知人の話題は慎重に

相手にとっては歓迎しない情報であることも

同業者であったり、友人関係が共通していたりすると、すぐに「○○さんはご存じですよね」「おたくの△△部長とは親しくしているんですよ」と人の話を持ち出す人がいます。うまくいく場合はいいですが、それによって「え？　あんな人と知り合いなの？」「じゃあ、ヘタな話はできないな」と引かれることも。ひとりの人間同士として親しくなれるよう努めて。

○○社といえば……○○さんっていう人がいまして～、先日の合コンでひどかったんですよ～
ヒソ
ヒソ
へ～、いますよね～そういうの……
も、元カレ！

3 初対面でタブーな話題もあり

政治、宗教、プライベート、コンプレックス……

お互いに信条がちがうこともあるので、政治や宗教の話は持ち出さないほうが無難。年齢や恋愛、結婚なども、「この人なら聞いてもいい」という雰囲気ができてから。相手のコンプレックスに触れてはいけないのはもちろん、「タレントの～に似ていますね」とほめるつもりで言っても、相手にはうれしくないことも。相手を知ることよりも、まずは楽しく会話することを優先しましょう。

残念な人の「話題」

いきなりプライベートな話につっこんでくる人

「ご結婚は？　お子さんは？お姑さんとは仲良くやれています？」

プライベートにズカズカ入りこんでくる人は、無神経で厚かましいと思われても仕方ありません。だれしも秘めたい部分があることをわかっていないのです。適当にかわして、距離を置くのが得策。

30

営業トーク

できる人は、まず好感をもってもらう

＊押してばかりでは、うるさくなる

「嫌いな人からモノを買う人はいない」というのが、営業の原理原則。「嫌い」とまでいかなくても、なんの恩も受けてない人からすすめられて、「はい、そうですか」と、すぐにお財布を開く人はいないでしょう。どれだけ商品力が強くても、いきなり商品説明から入り、「いいでしょう？　これは買いですよ」と強引に責めては、人の気持ちは引いてしまいます。もしくは、気の弱い人は押し切られるか……。でも、これでは後が続きませんね。

だから、**営業の最初の仕事は、まず自分を気に入ってもらうことから。**

私は、企業に情報収集システムを売る営業をしていたとき、最初の3回目までは自分の営業はさらりとするだけで、ほとんど雑談ばかりしていました。

車の販売会社であれば、それに関する情報をできるだけかき集めて、

「今度、新車が出るみたいですね。燃費がこれまでの3分の2と聞きました」

「よく知っているね。そうなんだよ。今度の新製品はね……」と、相手に気持ちよく話してもらうような流れをつくります。

すると、相手がいまどんな情報を欲しがっているのかもわかってきます。事前に情報を入手できない相手であっても、雑談のなかから、相手のニーズを拾うことができます。

注意すべきは、「わざわざ、あなたのために来ているんです」という押しつける態度ではなく、「断ってもいいですから」という引きすぎる態度でもなく、**「できれば、あなたとお付き合いしたい」という負担にならない程度のラブコールを送っていること。**

そう、恋愛と同じです。何度か通っていると、「それ、お手伝いできますよ」ということが出てきます。そのころは、お互い打ち解けている段階。相手も親しみや信頼を感じて、「あなたの話も聞きましょう」という気持ちになっています。

このタイミングを見落とさないこと。ここで丁寧に「どんなメリットを提供できるか」を説明して、最終的にお客様から「それ、欲しいね」と言ってくれる状況をつくるのです。

相手からの積極的な意志でつながった関係がいちばん強いのですから。

営業でも、恋愛でも、相手を「YES」と言わせたいなら、「人は、押せば引く、引けば押す」という心理をわかっていることです。簡単にモノが売れる時代ではありません。だからこそ、人間の心理を読んだ営業トークが必要になるのです。

POINT!★急がば回れ。「話を聞こう」と思われたときがベストタイミング

ワンランクアップ 愛される人【営業】のテクニック

1 営業の話し方は「ゆっくり丁寧」が、信頼を得られる

実は……（間1秒）こんなサービスがあるんですよ（低い声でゆっくり）」

早口でまくしたてるように話すと、「売りたい！」という気持ちが前面に出ているようで、相手も引いてしまいます。まずは、相手の話を聞くことから始めて。ゆっくり落ち着いて、やや低めのトーンで間をとりながら話すと、自信と余裕があるように感じられます。

2 お客のニーズや好み、周辺情報を集める

「御社の社長、先月、ご本を出版されていましたね」

インターネットや口コミなどから相手の情報をキャッチ。雑談が弾み、相手もよろこんでくれます。また、ニーズや好みがわかると、オリジナルの営業提案もできるので、雑談のなかから引き出して。マニュアル通りの営業でなく、それぞれに合わせた対応を。

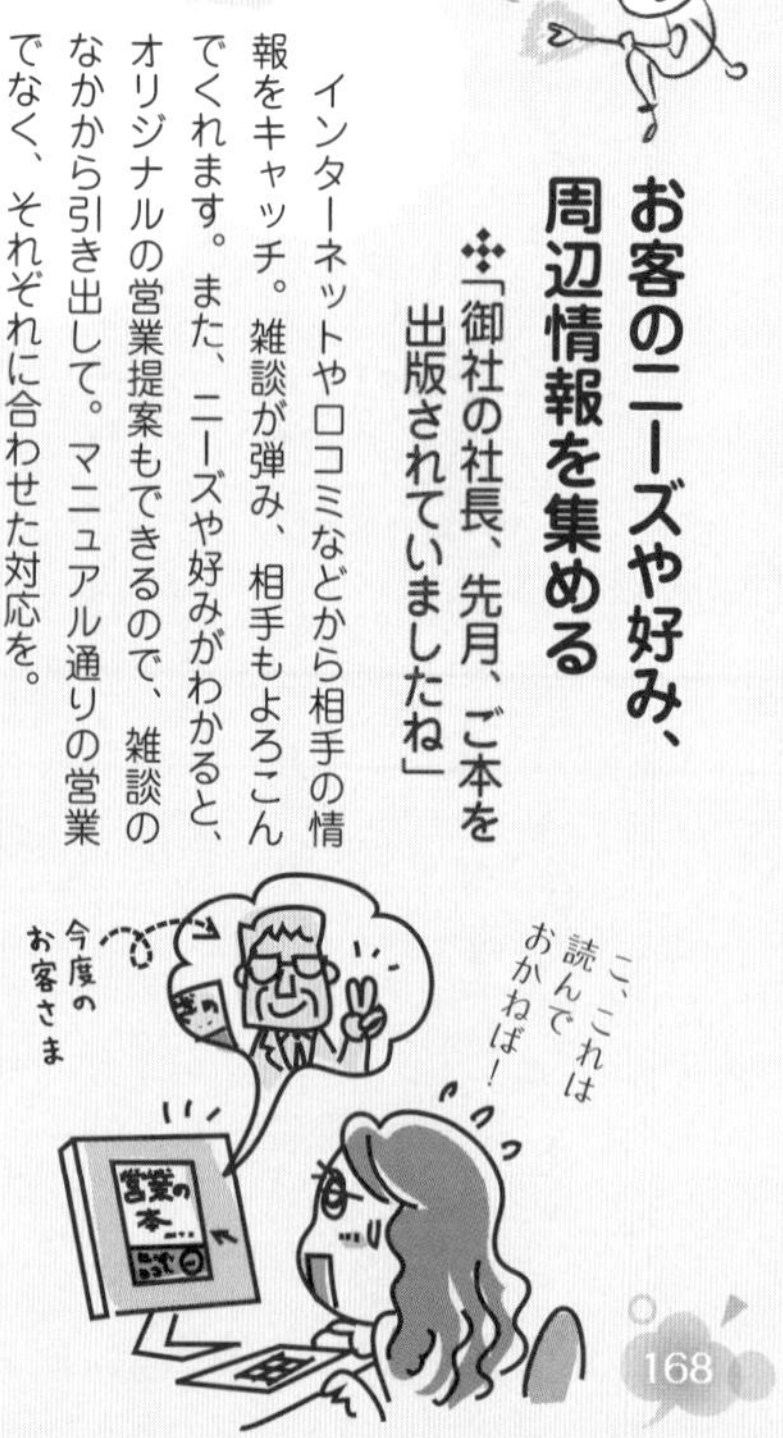

3 ビフォー・アフターの明確な対比を示す

「オール電化にしたときの、火事の発生率は〇分の1になります」

それを購入したことで、現在から未来に「なにがどう変わるのか」、効果を明確に。グラフや写真など、わかりやすい資料を用いるのも効果的。ただし、信頼性のあるデータなのか、情報元も示して。

4

欠点を話すことで信用が増す

❖「実は、ひとつだけ欠点もあるんです」

プラスのことのみを言うだけでは、逆に「大丈夫かな」と心配になることも。欠点も正直に話すことで、「この人の言うことはまちがいない」と信頼されるように。ただし、その欠点をフォローする説明も加えて。

5

自分たちの〝こだわり〟を話す

❖「私どもは、この点だけは、どこにも負けないと自負しております」

プロフェッショナルな〝こだわり〟を伝えると、相手の共感も得られます。また、自分の分野には、知識を十分もっているという自信を示すこと。最後に効くのはプロとしての思い入れの強さです。

残念な人の「営業トーク」

足元を見た営業をする人

「お宅の会社もいろいろとお困りでしょう？　不況ですもんね」

困っているところに商売ありとはいえ、弱みにつけこんだ営業トークをすると、「余計なお世話！」と相手の神経を逆なですることに。相手の弱みや困っている部分は指摘するのではなく、相手から言ってもらえるよう、まず話を聞くのが鉄則。目線を同じにして相手の役に立ちたいという気持ちで。

いろいろお困りでしょう？
なんとなくですけどね…
よ、余計なお世話ですよ！それ、仕事と関係ないでしょ！

31

問いかけ

〝問いかけ上手〟になれば、相手が心地よくしゃべる

「問いかけ＋自己開示」で話を盛り上げて

「会話上手」というと、おしゃべりが上手な人と思われがちですが、本当の会話上手は、〝問いかけ上手〟であり、〝あいづち上手〟な人のこと。

なぜなら、ほとんどの人は、いつも自分の〝よき理解者〟を求めているんですから。相手が心地よく話せる状態をつくれる人は、愛されるのです。

では、どんなふうに問いかけていけばいいのでしょう。コツは次の二つ。

1　相手への問いかけに、自己開示を織り交ぜる

「私は～ですが、○○さんはどうですか？」

2　相手の答えのキーワードから、連想ゲームのように話を広げる

「○○といえば、～」「～についておしえてください」

自分の話もしつつ、相手から話を引き出す手法です。たとえばこのように。

私「私は鹿児島出身で、遠くてなかなか帰省できないんですが、○○さんは、ご出身は

どちらですか？」

Tさん「青森です」

私「まあ、ずいぶん離れた北と南で対面しているなんて、なにかご縁があるんですね。青森といえば、友人が恐山に行って、お土産にアップルパイをもらったことがあります。他においしいものってありますか」

Tさん「ありますよー。ほたてとか、せんべい汁とか……」

私「せんべい汁ってなんですか？　まさか、せんべいが入っているとか……」

Tさん「入っていますよ。せんべいがモチモチしておいしいです。醤油ベースで、野菜がたっぷり入っているのが、私は好きですね」

出身地情報は無難で、だれでも答えられる話題。ほとんどの人が、快く郷土自慢をしてくれます。少しでも知っていることがあれば伝えて、「どんな料理がおいしい？」「有名な人は？」「人の気質は？」「雪かきはどんなふうにするんですか」など、いろいろな情報を聞きだすといいでしょう。興味をもって「おしえて！」と謙虚な姿勢で。

ポイントは、相手のよく知っていること、得意なこと、好きなことなど、気持ちよく話せる話題を振ること。自分で会話の糸口を見つけて、相手に話してもらう……これができれば、あなたも会話上手です。

ワンランクアップ 愛される人【問いかけ】のテクニック

1 相手の答えからキーワードを拾って、話を展開していく

❖途切れ途切れの問いかけにならないように

相手のことが知りたいと思っても、「どこ出身？　年齢は？　血液型は？」というようにバラバラな質問をしていくと、まるで面接官のようになってしまいます。会話を楽しむためには、相手の答えから問いかけやコメントを返してつなげていく流れで。話が煮詰まったら、「ところで〜」と話題を変えて。

2 聞きにくい問いにはクッションのひと言を

❖「こんなこと聞くのは図々しいんですけど……」

「仲良くなりかけているけれど、ちょっと聞きにくいな」というときは、「図々しいですが、ぜひ知りたいと思ったので」というニュアンスのひと言を。「同じ年代かと思ったんですが、年齢を聞いてもいいですか」「私は独身なんですけど、ご結婚されていますか？」など、聞く理由や自分のことを話して、控えめに尋ねるのも手。

3 聞かれたら“阿吽の呼吸”で相手にも聞き返す

「旅行はよくされますか？」
「ええ、年に2回ほど。○○さんは？」

問いかけをするときは、自分が聞いてほしい話題のことが多いもの。それなのに自分のことだけ、「はい」「いいえ」で終わってしまっては、「私のことは聞いてくれないの～？」ということに。相手の意をくんで、お互いに答えられるよう、かけ合いをするのが礼儀というもの。

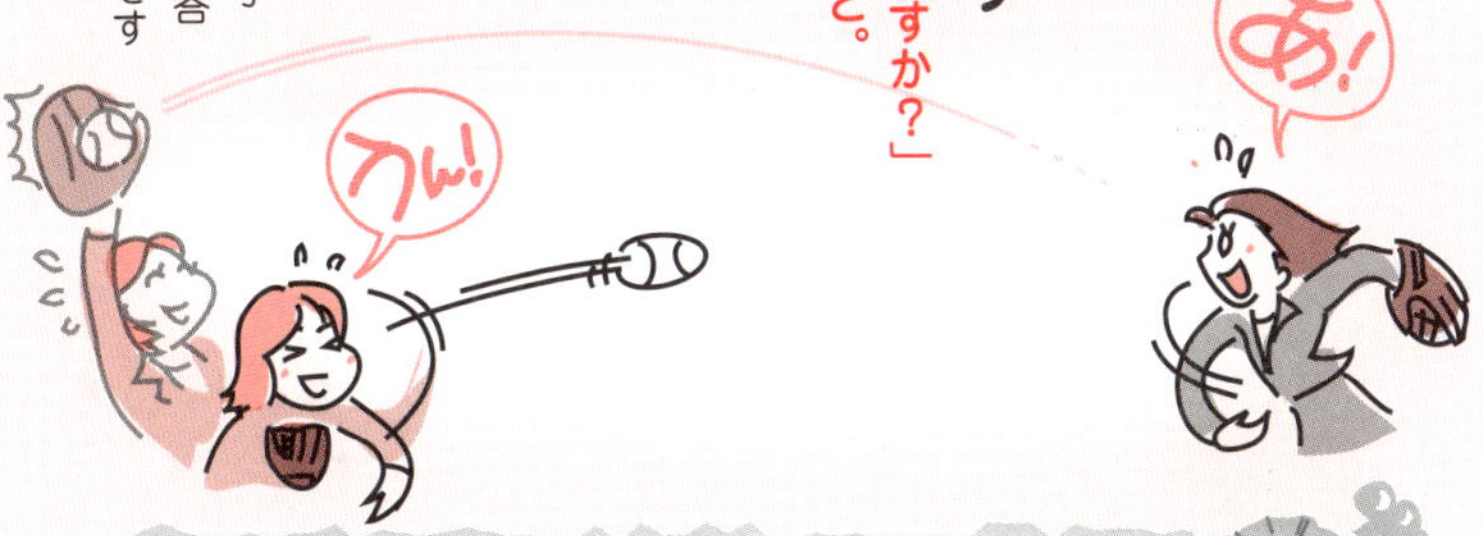

残念な人の「問いかけ」

自分が話したいことばかりを質問する人

「彼氏いる？ どんな人？ 私は……。私の彼氏はね……」

相手から唐突に「あなたは～？」と聞いてくるときは、「私にも聞いてほしい」という意思表示であることが多いもの。面倒だと思うでしょうが「あなたはどう？」と聞き返してあげるのがマナー。ただし、自慢話などが続くようなときは、「いいですねー」などとほめつつ、早めに話題を切り替えましょう。

32

話を引き出す

話が途切れない人のオープン・クエスチョン

＊いろいろな角度から話を盛り上げて

私は、これまで雑誌や本のライターとして、多くのインタビューをしてきました。

心がけていたのは、どれだけおもしろい話を聞き出せるかということ。

そのためには、できるだけ〝オープン・クエスチョン〟を使って、話を掘り下げていくことが必須でした。

質問には、「～ですか？」「～ですよね？」、それに対して「はい」「いいえ」というように、「YES・NO」の答えを導く〝クローズド・クエスチョン〟（閉ざされた質問）と、「YES・NO」以外の答えを導く〝オープン・クエスチョン〟（開かれた質問）があります。

たとえば、こんな〝クローズド・クエスチョン〟のインタビューだと、まったく記事はつくれません。

「最近、サーフィンをされているそうですね？」「はい」

「海は気持ちいいでしょう？」「ええ」

これでは、まるで誘導尋問。聴き手中心の話の流れになり、話は途切れ途切れ。相手にしゃべらせることができません。ときには、編集意図に当てはめるために、〝クローズド・クエスチョン〟で話を誘導することもありますが、それはポイントだけ。

自分の言葉で、自由に語らせることが大事なのです。

「どんなときに、海に行くんですか」

「そもそもサーフィンを始めたきっかけは?」

「波を待っている間は、どんなことを考えているんですか?」

というように。そこから話が広がったり深まったりしてふくらんでいき、思わぬ相手の内面に出会うこともあります。

日常で会話をするときも同じ。

「どんなふうに?」「そのとき、どう思った?」「もし〜なら、どうしたい?」など、相手が少しだけ考えてから答える質問だと、おもしろい話が聞き出せて会話も弾みます。

相手に話をさせるためには、相手に考えさせることが必要なのです。

オープン・クエスチョンを効果的に使えるようになれば、たくさんの情報を引き出せるだけでなく、お互いに通じ合える人間関係ができていくはずです。

POINT!★相手が少し考えてから答える質問を投げかけてみる

ワンランクアップ

❖愛される人【オープン・クエスチョン】のテクニック❖

まずは、「5W1H」の質問で話を広げて

❖「いつ?」「どこで?」「だれと?」「なにを?」「なぜ?」「どうやって?」

相手の状況を映像化するようにして、それに必要な情報を補う質問をするといいでしょう。これらの質問は、次に新しいキーワードが出てくるため、話も展開しやすくなります。

気持ちを聞いて、感情を共有

❖「どんなふうに感じた?」

「どんなふうに考えが変化したんですか」「気持ちへの影響はありました?」「そのとき、どうしてそう思ったんですか?」など、気持ちを聞くことで相手の感情をつかめ、親近感は増してきます。

「きっかけ(過去)」と「どうしたいか(未来)」が聞ければ、深く理解できる

❖「そもそも、きっかけは?」「どうなふうになりたい?」

「そもそも〜」という〝過去〟の基本的な部分に立ち返ったり、「これから、どうしたいか」という〝未来〟の行き先を知ることができれば、その人の姿勢や性格、価値観、方向性が見えてきます。ここがわかれば、相手をよく理解して深い話ができるように。

4 声に出さず「どうして〜？」と考えると、相手の本質に近づく

❖「どうして〜？」

これは、言葉には出さず自分の頭のなかだけで考える質問。人と接するときに「どうして、この人は成功したんだろう」「どうして、人が集まるんだろう」「どうして、こんなに素直なんだろう」、悪いことでも「どうして、こんな態度をとるんだろう」など、「どうして？」と考えるクセをつけると、「なるほど、〜だからこうなっている」という、その人の本質的な部分につき当たることがあります。人を観察してよく知ることで、会話も成熟していくのです。

残念な人の「質問」

的がしぼれていない、乱暴な質問をする人

「仕事はどうですか？」「最近どう？」「彼とはどう？」

ある有名野球選手がインタビューで、記者に「調子はどうですか？」と聞かれ「プロなら、もっと考えた質問をしろ！」と怒ったことがあるそうです。「どう？」と雑に聞かれても答えにくいもの。答え方を相手に依存した質問なので、目上の人やそれほど親しくない人には失礼になることも。「最近、表情がいいけれど、なにか心境の変化でもありました？」「仕事はどんなところが面白いですか？」などポイントを絞って。

33

人の見方

「先入観」と「偏見」が人間関係を妨げる

相手の意外な部分を探って

私が人と会うとき、インタビューをするとき、いちばん心がけていることは、先入観で相手を見ないこと。偏見をもたないことは、もちろんです。偏見や先入観があれば、相手の本当の内面はわからず、人間関係を築くこともできないからです。

あるとき、テレビでも有名な女性評論家に会う機会がありました。彼女は物言いがはっきりしていて、いつも辛辣な意見を言っているので近寄りがたく、「怖そう」というイメージ。でも、「もしかしたら、やさしい部分もあるかも」「仲良くなれるかも」と考えて話してみると、本当に気さくな方でした。忙しいのは十分承知で、勇気を出して、「近くに、いい台湾料理の店があるんです。この後、ご一緒にいかがですか」とお誘いしたところ、「あら、いいわね」と二つ返事。その後、家にも招待していただきました。

そして、その方との出逢いが私の人生を変えるきっかけになったのです。**もし、私が「怖そう」というイメージだけで接していたら、その後の関係をつくることはでき**

なかったし、私の仕事も生活も、いまとはまったく別のものになっていたはずです。

「先入観」とは前もって抱いている固定観念。そして、「偏見」とは偏った見方。

自分や人のこりかたまった価値観に染まった色めがねで見ることです。

私たちは、その人の態度や話し方、服装、人から聞いた話などで、無意識に「こんな人だろう」とイメージをもってしまいます。それは否定できません。

でも、大事なのはそれを決め付けないこと。

「もしかしたら、別な面もあるのかも」「どう転んでもおかしくない」と、どんな可能性もとっておくことです。

人間の内面には、いろいろな部分が潜んでいます。だれでも尊敬すべき点や、優れている部分、自分と共有できる部分をもっています。そこに気づいて引き出せるかが、良好な関係を築くカギ。**固定観念があれば、気づくことも引き出すこともできません。**

反対に、いい部分だけを見て決め付けるのも危険です。「だれだって、いいところも悪いところもある」と、同じ人間として寄り添うことです。

「相手を決め付けていないか」「先入観や偏見で見ていないか」、意識することが大事。

人間はそんなに単純なものじゃない。いま見えているのは、ほんの一部と、相手に興味をもち続けて理解しようとする気持ちが、話し方にも表れてくるのではないでしょうか。

POINT!★決め付けず、「もしかしたら、別の面もあるのかも」と考える

ワンランクアップ

愛される人【人の見方】のテクニック

1 奥に、いろいろなものが隠されていると思って見る

❖自分は一部しか見えていないと謙虚に考えて

人の性質は〝球〟のようなもの。私たちに見えているのは、ほんの一部の面だけで、その奥にはいろいろな資質が存在しています。どの方向から見るかによって人の性質は変わり、ふとした拍子に内側にあった資質が、ひょっこり表れることも。相手を決め付けずに、謙虚な姿勢で見ることが大事。

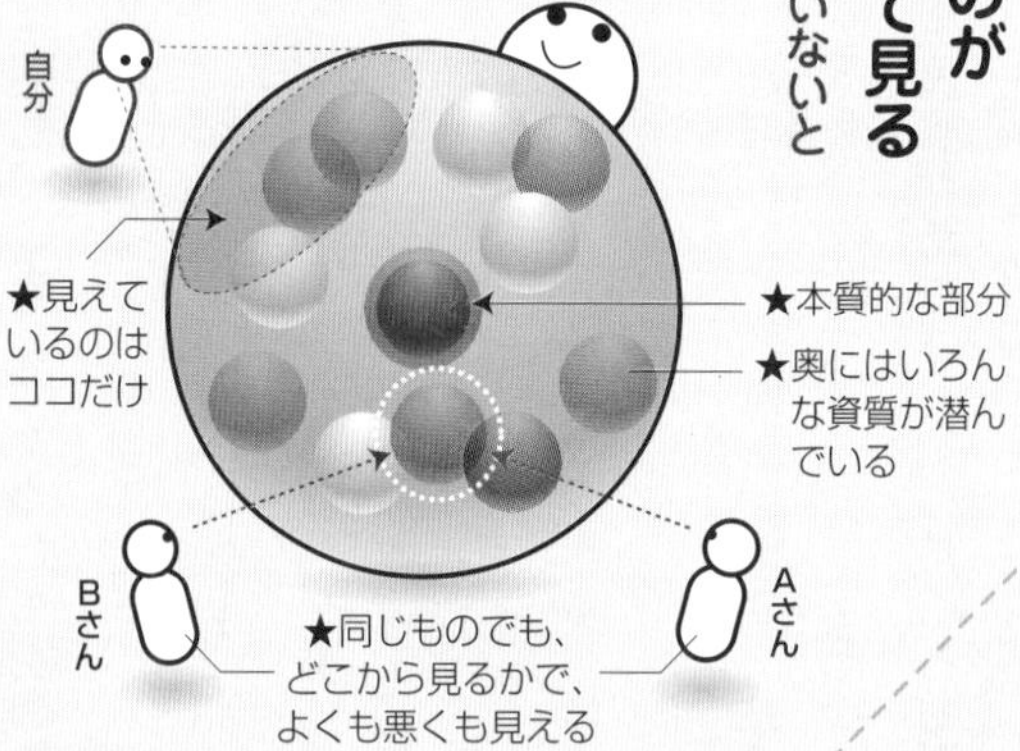

自分
★見えているのはココだけ
★本質的な部分
★奥にはいろんな資質が潜んでいる
Bさん
Aさん
★同じものでも、どこから見るかで、よくも悪くも見える

2 肯定的な見方で、いい部分を引き出す

❖「そのままの自分」「そのままのあなた」でOK

相手を「いい人」として扱えば、いい面で接しようとし、「悪い人」として扱えば、悪い面を向けようとするもの。尊敬する点、得意な点、愛すべき点、こだわっている点など、相手のなかにある、いい部分や意外性を引き出して。いい関係をつくるには、人を否定せず、肯定的なスタンスで接することからです。

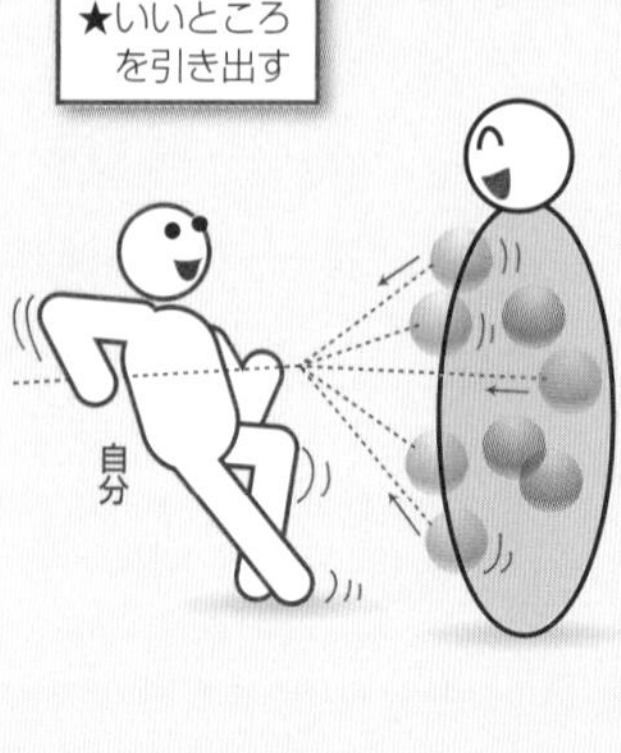

★いいところを引き出す
自分

3 自分の頭で考えて、人と付き合う

情報や人の意見をうのみにしない

生活や仕事のシーンのなかには、絶えず多くの情報や人の意見が入ってきますが、それを信じすぎると可能性は広がりません。自分にある偏見や先入観も「本当にそう?」と疑って、人を正確に理解しようとすることが必要。自分の頭で考えた、自分なりの接し方を導き出して。

情報
情報
情報
情報
情報
自分自身で答えを出す

残念な人の「人の見方」

なにげなく差別意識を口にする人

「あの方は、私たちと、ちょっとちがうから……」

はっきりした差別意識はなくても、心のどこかで優越感をもっていると、「彼女なんかにはわからないだろうけど」「バイトのくせに」と、つい差別的な言動に。これでは、まるで自分が短絡的で愚かな人間だと示しているようなもの。人を線引きする関係からは信頼は生まれません。まずは人をグループとしてではなく、個人として見ること。「自分は何様でもない」と謙虚な自覚をもつことからです。

34

あいづち

相手を乗せる〝あいづち名人〟を目指せ

あいづちで、心のキャッチボールを

「ねぇ、ちゃんと聞いてるの？」

と、言われたり、言ったりしたことはありませんか？

私はあります。言われたことはありませんが、言ったことが……（笑）。

「ふ～ん」と適当なあいづちをされたり、目が泳いでいて上の空だったりすると、自分の一方的でつまらない話への反省はさておき、「もういいッ！　聞いてないんだったら」と、怒りすら覚えることがあります。もちろん、家族など親しい関係にですが。

また、仕事関係者と話していても、急にあいづちがなくなると不安になるもの。

「え？　どうしました？」「わかりにくいですか？」と話は中断してしまいます。

なぜなら、コミュニケーションは、言葉のキャッチボール。

こちらがボールを投げても、投げ返してくれなければ先に進めないのです。

ポトンと落ちるようなボールを投げ返されても、次にいいボールは投げられません。

反対に目をキラキラさせて、「え？　それから、どうなったんですか？」と、楽しそうに聞いてくれる人がいるとポンポンと会話は弾みます。講演やトークショーでも、目の前に大きくうなずいてくれる〝うなずき名人〟がいると、がぜん張り切ってしまうというもの。だんだん盛り上がってきて、いつになくおもしろい話が飛び出したりして。

あいづちは、「ええ」「ほぅ」「はい」という短い言葉であっても、「あなたの話、ちゃんと聞いていますよー」「あなたのことに興味がありますよー」「好感をもっていますよ」と、いろいろなメッセージがこめられています。

あいづちは言葉には表れない、心のキャッチボールでもあるのです。

自分の話を聞いてほしいと思うときも、まずは「お先にどうぞ」と、相手の話をうなずきながら聞くことから始めるといいでしょう。

多くの人は内心、自分の話を聞いてほしいと思っています。聞いてもらったことに満足したら、相手の話もしっかり聞こうという態勢になります。話し下手であっても、〝あいづち名人〟になれば、相手も好感をもってくれるし、自分の話もしやすくなります。

ただし、「ええ」「はい」とうなずく一辺倒のあいづちは、つまらない。深くうなずいたり、「すごい！」と感動したり、言葉に表情をつけたりして変化をつけ、相手の話を盛り上げるのが、〝あいづち名人〟なのです。

POINT!★変化に富んだあいづちで、自分も乗ってみる

相手が心地よく話せる、あいづちリアクション6

◉言葉、表情、動作（うなずきや手の動作）を3点セットにして

1 相手の目を見て「同意」

「そうそう」「たしかに」「そうですね」「なるほど～」

2 会話に含まれるキーワードを繰り返す「オウム返し」

「昨日、出張で、京都に行ってきました」
⇓「まぁ、京都ですか」
⇓「あら、出張だったんですか」

3 話を先に促す「展開」

「それから?」「どうなったんですか?」

「～とおっしゃいますと?」「たとえば?」

4
相手の気持ちによりそう「共感」
「わかります」「それは大変でしたね」
「やりましたね」「うれしかったでしょう?」

5
感情をこめて豊かに反応する「感動」
「すごい!」「本当ですか?」「びっくりしました」

6
要点を押さえて確認する「まとめ」
「つまり、~ということですね」「大事なポイントは~ですね」
「言いかえれば~ということですね」

ワンランクアップ 愛される人【リアクション】のテクニック

1 相手を否定しない

「私は〜と思いますよ」

だれでも否定されるのは気分がよくないもの。意見がちがっても、「それは、ちがうんじゃない」などと否定せず、最後まで聞いて。自分の意見を伝えたいときは、「私は、〜だと思うんですけど、そういう考えもあるんですね」とさらりと。

2 感嘆詞を最初につけて感情を表現

「まぁ！」「ええッ？」「わぁ！」「へ〜」「ほぉ」

リアクションの最初に感嘆詞をつけるだけで表情豊かに。驚いたり、感心したり、よろこんだり……ちょっぴりオーバーに反応することで、会話は楽しくなっていきます。表情や動作も合わせて、話を盛り上げて。

本当ですかぁ〜??
すっご〜い!
彼女のおかげで私のつまらん話も盛り上がっちゃって助かるよ……
なに なに
お！

3

「あいづち＋質問」で話をさらに展開

❖「まぁ、それはすごい。どうしてそう思われたんですか」

同じリアクションが続くと、「ちゃんと聞いているの？」と思うことも。あいづちを組みわせたり、ときには質問を加えたりして、変化に富んだリアクションを。

4

話を聞くときは、相手の目を見て笑顔で

目が別な方向を見ていると、どんなあいづちでも気持ちがこもりません。基本は、やさしい表情で微笑みながら、相手の目を見てうなずいて。あまり興味のない話でも、「せっかくだから、教わろう」という気持ちで、相手が気持ちよく話すことを優先して。話のなかで自分が楽しめる部分に絞って質問したり、「こちらの話もぜひ教えてください」とタイミングよく話題を変えるなど、聞きやすくなる工夫をするのもあり。

残念な人の「リアクション」

拒否・否定形の、リアクションをする人

「ヤダ」「うそ」「信じられない」「なんで？」「許せない」

30代40代でも意外に多いのが、やたらと拒否反応のリアクションをする人。本人は「ハッキリとした自分」をアピールしているつもりでも、周りからは様々な事情を受け入れられない、駄々っ子のように見られていない。試しにどんなことにも「そうなのね」「本当？」「なるほどね」「しようがないわね」と、肯定する言葉で返してみて。精神的に大人になった気持ちがするはずです。

35

距離を縮める

相手との「同質性」が親近感を強めてくれる

相手へのリスペクトを感じる「異質性」

「これから5分間で、となりの人と、なるべく特別な共通点を見つけてください」

私はよく、講演のワークショップでこんな課題を出します。

まったく知らない人同士。でも、あるんですね、これが。

「趣味が温泉巡りで、よく行っている温泉が同じだった」

「お互いに三姉妹で、妹が同級生、しかも知り合いだった」

「どちらも三匹、猫を飼っていて、男の子×2・女の子という性別が一緒」などなど。

こういったコミュニケーションは、女性が得意。三つも四つも見つけるツワモノも。

希少価値のある共通点を見つけた人同士は、すっかり打ち解けて、講演の後にメルアドを交換したり、情報交換をしたりしています。

共通点があると、仲良くなれるのです。

そして、「そうそう、わかる〜」と共感する部分も出てきます。

出身、住んでいる場所、仕事、名前、家族、趣味、好きなタレント、テレビ番組、本、映画、食べ物、休日の過ごし方、学生時代のアルバイトやサークル、よく行く場所……探そうと思えば、数限りなくあるものです。

初対面の人だけでなく、仲良くなりたい同僚や苦手な人などでも、共通点があると、それを突破口に話が盛り上がり、一気に距離が縮まります。

ただ、「彼女（彼）とは、あまり共通点がない」という人もいるでしょう。

そんな人は、**反対に〝異質性〟を見つける作戦に出ればいいのです。**

「自分ができないことで、相手ができること」を探してみてください。

ほとんどの人は、なにかひとつ自分より得意なもの、優れているものをもっているはず。「英語が話せる」「料理が上手」「読書量が半端じゃない」「韓流映画に詳しい」「字がきれい」「とにかく素直」「気配りがすばらしい」などなど。

そんな部分をリスペクトして口にしていると、お互いに認め合う関係になれます。

自分が相手に一目置いて認めようとすると、相手も認め返してくれます。異質性のある人は刺激になり、「おしえて！」と、相手から学ぶことだってできます。

親しくなれる「同質性」と、尊敬できる「異質性」。どちらもあれば、さらに良し。

会話のなかで相手に興味をもって、見つけていって。

ワンランクアップ 愛される人【同質性・異質性】のテクニック

1 異質な人から「同質性」、同質な人から「異質性」を見つけると、響き合う！

年代がちがったり、異業種だったり、住んでいる場所がちがったり……と、身近ではないような人は「異質」で終わらせず、「同質性」を発見して。「え〜、そんな共通点があったんだ」と特別な存在に。同年代の同僚や友人は「異質性」をリスペクトすることで、より刺激し合える仲になれます。

え、あたし くいしんぼうで 占い好き、ただし 四柱推命。
あたしも くいしんぼうで 占い好き ただし水晶。
お〜、意外な カップル 誕生か？

2 〝共通点〟の輪を広げて、仲間意識をつくる

同じ趣味、同じ境遇、同じ目標、同じ出身県など、共通点のある複数の人々が集まると、仲間意識が生まれます。一対一の共通点もいいものですが、グループで共通点をもつのも格別。たまたま食事会で出会った人、異業種交流会で出会った人、同じビル内で働いている人……いろいろな場所で共通点を探すと、ひょっこり楽しい仲間ができるかもしれません。

3 それぞれの価値観を尊重する

自分と価値観がちがうからといって、避けたり排除したりしようとせず、「それはそれ」として受け止めること。異文化交流をするように、「異質性」を受け入れることで、人間関係も、自分の人間力も養われていきます。人間もつべきものは〝やわらかい心〟です。

残念な人の「同質性・異質性」

傷をなめ合うために、同類を求めようとする人

「私がいちばん寂しい人かと思ったら、もっと寂しい人がいてよかった〜」

これは「私が最下位の点数かと思ったら、まだ下がいてよかった」というのと同じ原理。だれかの不幸な境遇を見て、「よかった〜、同じね」などと勝手に仲間にしてしまうのは、失礼なこと。安心してしまって、そこから抜け出せないことにも。マイナスの部分でつながるときは、お互いに向上心や野心があることが大前提。うまくいっている人から学んだほうが、はげみになります。

36

自己開示

完ぺきでなくてもいい。大事なのは誠実に伝えること

自分の弱みを開示できる人は愛される

私は、取材やプライベートでも、男性女性を問わず、多くの人たちに会います。

学生、派遣社員、ニート、官僚、タレント、芸術家……。最初の出会いから仲良くなって長く付き合っている人もいますし、その場かぎりで終わってしまう人もいます。

縁が長く続いている理由には、「気が合った」「共通点があった」などいろいろありますが、**いちばん大きかったのは、心を開いて「弱みも見せてくれたから」**。

社長や議員、タレントなど公的な立場の人は、「弱みを見せるなんて許されない」と思っているようで、過去の苦労話はしても、現在の弱さを見せることは、なかなかありません。パーフェクトな自分を演じるかのように、饒舌に「最高にハッピー」というような話をします。そんな人は魅力的であっても、残念ながら、親しくはなれないのです。

でも、なかには飾らずに、自分の気持ちを誠実に伝えようとする人たちもいます。

昔、ある男性アイドルタレントMさんを取材する機会がありました。

超満員のコンサートの後、控室で彼を待っていると、「お待たせしてすみません。汗びっしょりで臭かったので、失礼があってはいけないとシャワーを浴びてきました」と言いながら、きちんと整えた格好で登場。いつも堂々と優雅に振る舞っている彼の姿からは想像のできないほど、謙虚な態度でした。そして、こんな会話が飛び出したのです。

私「コンサートは立ち見がいっぱいで、すごい人気ですね」

M「ありがたいです。でも、いまの自分ではすぐに飽きられて〝一発屋〟なんて言われるようになりますよ。そうはなりたくないから、いま、芸や人間性を磨かなきゃと思うんです。この世界で生き残っていきたいですからね。焦りはありますよ……」

きれいごとではなく、表面的な話でなく、そんな心の内を見せてくれた彼のファンになったのは、いうまでもありません。

あれから10年、彼は人気ドラマの主役として、高視聴率を取る俳優に成長しています。

周りでも、自分をよく見せようとしてか、傷つくのを恐れてか、決して弱みを見せようとしない人がいます。一方、ざっくばらんに弱みも見せてくれる人もいます。

でも、**見せてしまっていいのです。だれも嫌いになったり、失望したりはしません。**むしろ、相手も安心して自分の弱みも見せ、肩の力を抜いて本音で付き合えるようになります。弱みを自己開示できる人は信頼され、愛される人なのです。

POINT!★自分を、取り繕わない

ワンランクアップ 愛される人【自己開示】のテクニック

1 自分と人を比較しない。パーフェクトを目指さない

❖自分と他人を信頼する

他人へのプライドや負けず嫌いから、〝自己武装〟になることがあります。また、自分の弱さや欠点を認めたくないから、完ぺきな自分を目指そうとすることも。でも、みえを張ったり背伸びしたりするのは、自信のなさや他人への不信感の表れ。実は〝そのままの自分〟を認められる人こそ、強い人なのです。

2 ほめられたとき、自慢話になりそうなときは、失敗談・弱点をチラリ

❖「あなたは社内でお嫁さんにしたい人No.1ってうわさよ」「いえ、男性より腕力があることがバレて、引かれています」

人からもちあげられたら、自分でちょっと落とす謙虚さを。また、そのつもりはなくても、つい自慢話になりそうなときは、失敗談や弱みもチラリと見せることで嫉妬心も撃退できます。

3 上司こそ部下に弱みを見せることが必要

「苦手だから、教えて？」

部下には弱みを見せず、完ぺきであろうとする上司がいますが、逆に、少々ぬけた自分を見せてしまったほうが親近感をもたれ、フォローしてもらえることが多いもの。ただし、引き締まった部分も見せなければ、軽く見られることに。

4 「愚痴」「不満」「弱み」を混同しない

前向きな姿勢のなかに、ちらりと織り込む

「愚痴」は、言ってもどうにもならないことを嘆くこと。「不満」は、満足できないことを嘆くこと。基本的にネガティブなことなので、長く続くと聞いているほうはうんざりします。「弱みを見せる」というのは、ポジティブ思考の土台で、マイナスの部分をちらりと入れ込むこと。これだと安心して聞け、親近感もわくのです。

残念な人の「自己開示」

知ったかぶりをして無知を隠そうとする人

「もちろん、知っていますとも。常識じゃありませんか（汗）」

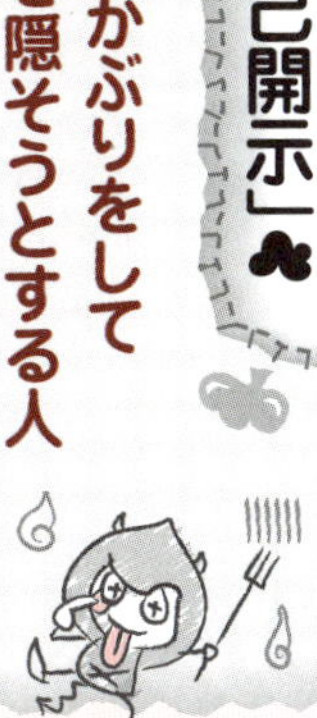

無知だと思われたくなくて、知ったかぶりをして聞いていると、さらに理解不能になり、「いまさら、わからないなんて言えない」という事態に。その結果、よくわかっていないことがバレて、みえっぱりな自分を露呈して恥をかき、さらにいい加減な人だと不信感をもたれることに。わからないことは「わからない」と、自己開示できる無防備さが愛されるヒケツ。

37

縁のつくり方

連絡が続く「縁のつくり方」とは

自分から相手に対する課題をつくっていくこと

この人とは、もっと仲良くなりたい、縁をつないでいきたいと思っていても、それっきり自然消滅してしまった……ということはありますよね。

最初に連絡するタイミングを逃してしまったら、その後はなかなか連絡しづらいもの。何度か会って親しくなった状態だと、なんの理由がなくても、「どうされていますか？」と連絡できますが、名刺を交換しただけの人に、いきなり連絡をすることはできません。

そこで私はいつも、**会った人との間に〝課題〟をつくってしまいます。**

話していると相手のやりたいこと、趣味、好きなもの、自分との共通点などが見えてきます。ブログや会社のホームページ、周辺からの情報など、事前に相手のことが調べられると、もっと情報は増えます。そして、「それなら、お役に立てます」という課題が見つかるのです。たとえば、今度イタリアに旅行するという情報が聞けたら、

「友人が、少し前に、ローマに旅行したので、おいしいお店や、行ってよかった場所が

聞けたら、メールしますね」

などと言って、なるべく3日以内、遅くとも1週間以内にはメールを送ります。

よく「昨日は、お会いできてよかったです。ありがとうございました」という感謝のみのお礼メールを送ってくる人がいます。もちろん、送らないよりは、ずっといいのですが、1回メール交換しただけで、それっきりになることが多いのです。

なにか課題があると、メールは続きます。役立つことがあるなら、相手も、なにか力になろうとしてくれます。旅行の情報を提供すると、お土産を買ってきてくださることもあり、会う機会もできます。

「○○の本がお好きなら、もう読まない本があるので、今度お送りします」

「話題に出てきた簡単に作れておいしいバナナケーキのレシピ、送りますね」

「△△に興味がおありなら、詳しい友人がいるので聞いておきます」

会話から次のアクションを起こすこと。ただし、相手に負担にならない程度の好意で。

そして、言ったことは誠実に実行することが大事。

ちょっとした勇気を出すだけで、思いがけない、いい縁に発展することがあります。

損得勘定は抜きにして、「この人と仲良くなりたい」「役に立ちたい」と思う気持ちが、縁を育てていくのではないでしょうか。

POINT!★会話からアクションを起こし、早めに実行する

ワンランクアップ 愛される人【縁のつくり方】のテクニック

1 連絡は、〝長く稀《まれ》〟より、〝短くマメ〟に

「元気ならよかった！ また連絡します」

久しぶりの人とは話が長くなるものですが、それよりも、ときどき短時間の連絡をするほうが身近に感じます。堅苦しい言葉は抜きにした3分以内に終わる電話、数行のメールなど、お互いに負担にならない関係が長く続いていくのです。

2 思い出したら、即連絡

「昨日、○○さんが夢に出てきたので、連絡しちゃいました」

思い出したときが、相手との縁をつなぐベストタイミング。不思議なもので、「私も連絡しようと思っていた」と言われることは多いはず。連絡する理由がほしければ、「似た人を見かけたので」「あの時のことを、ふと思い出して」など、なんとでも理由をつけて。

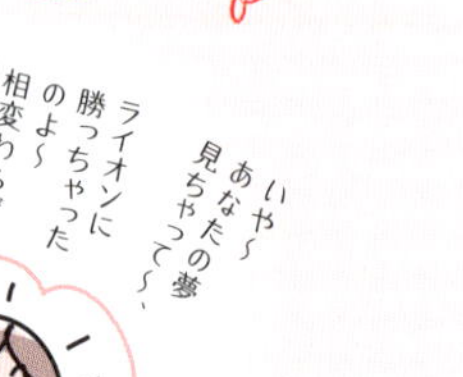

3 「メール＜電話＜会う」で、リアルコミュニケーションを

❖「たまには会って、お話ししましょうよ」

相手のことをよく理解したいと思えば、メールより電話、電話より会って話すこと。相手の表情や雰囲気から本当の気持ちが伝わったり、意外な一面が発見できたりすることも。人と会うことで感性や洞察力も養われます。メールで、あまり意味のない会話をするよりも、生身の人間同士が深く話す機会を楽しんで。

残念な人の「縁の作り方」

❖一度会っただけなのに、紹介やお願いをする図々しい人

「覚えています？　〇〇さんと親しいと聞いたんですけど、ご紹介してもらえません？」

それほど親しくない人からいきなりお願いをされても、利用されているようで気分がよくないもの。特に紹介は、うまくいかないと人の顔を潰すことにもなるので、親しい関係でも慎重に。「こんな人を探している」「こんなことをしたい」と言っていると、周りから情報や人を紹介してくれる信頼関係をまずは目指して。

38

プラスの言葉

プラスの言葉は、プラスの現実を生む！

＊マイナスの言葉は、現実を受け入れられないことの表れ

「あ〜、最悪〜！」

「忙しいなぁ」

「やだ、締め切りまで、あと1日しかない〜」

「どうしよう。終わらないと帰れない」

あなたは知らず知らずのうちに、こんなマイナスの言葉を使っていませんか？

もし使っているとしたら、すぐにプラスの言葉に置き換えてみて。

「なんとかなる！」「ガンバレ、私」「あと、1日もある」「終わったら、帰れるよー」って。

どちらが自分を励ましてくれるか、すぐにおわかりになるでしょう。

そう、**プラスの言葉は、言葉通り前向きな気持ちになれるし、マイナスの言葉は、気分を滅入らせてしまう**のです。自分だけでなく、周りの人までも。

「あなたでいいよ」と、「あなたがいい」。

「この報告書は雑だねー」と、「もう少し詳しく書いたら、もっとよくなる」。

言い方ひとつで、相手に与える印象もまるで変わります。

仕事のできる人、愛される人、幸せな人生を送っている人の条件は、プラスの言葉を使っていること。

彼らは、たとえマイナスの現実でも、決して否定的に見てはいません。

反対に、うまくいっていない人の特徴は、マイナスの言葉を使っていること。

「〜が悪い」「〜のせい」「〜できない」「それは無理」と、うまくいかない現実をプラスに受け入れることができないのです。それじゃ、なにも変わらない。

もちろん、だれだってマイナスの気持ちは湧いてきます。

でも、**それを「プラスの言葉に置き換えると……」と考えて口にしていると、いつの間にか、いちいち頭で考えなくても自然にプラス思考になっている**ことに気づくはず。

そして、いちばん効果的なプラスの言葉は、「ありがとう」という感謝の言葉。

どんなに悲しみや絶望の淵にいたとしても、人や自分を責めたくなっても、「成長のチャンスをありがとう」「気づかせてくれて、ありがとう」というように、「ありがとう」をつぶやいていると、不思議と前向きな気持ちになり、前向きな行動をとっていきます。

現実が言葉をつくるのではなく、言葉が現実をつくっていくのです。


POINT!★マイナスワードが出そうになったら、プラスワードに変換する

ワンランクアップ

愛される人

⇓

【マイナスワードをプラスに好転させる】テクニック

1 「ない」を「ある」に変える

「否定形」⇓「肯定形」

「あと3日しかありません」
⇓「まだ3日もあります」

「商品は、Mサイズ以外はありません」
⇓「商品は、Mサイズならあります」

「私にはできそうもありません」
⇓「時間をかけたらできそうです」

2 プラスの言葉で締めくくる

「ポジティブ＋ネガティブ」
⇓「ネガティブ＋ポジティブ」

「伺いますが、遅れます」
⇓「遅れますが、伺います」

「かけ合ってみますが、難しそうです」
⇓「難しそうですが、かけ合ってみます」

「この本は価値がありますが、高いです」
⇓「この本は高いですが、価値があります」

残念な人が使っているワード5

1「忙しい」
2「疲れた」
3「無理」
4「最悪」「最低」
5 3D「でも」「だって」「どうせ」

3 性質をプラスで表現する

プラス面にフォーカス

「うちの部長は、細かくて神経質よね」
⇒「うちの部長は、仕事が丁寧だから助かるわ」
「休日出勤なんてイヤだわ」
⇒「休日出勤で稼いじゃおう」
「コピー取りなんて、つまらない」
⇒「たまには単純作業も、気を抜けていいですね」

4 ネガティブな気持ちをプラスで表現

マイナス思考⇒プラス思考

「もうダメ。できない」⇒「大丈夫。私ならやれる！」

「やらなきゃいけない」⇒「よし、やろう！」

「そんな言い方しなくてもいいのに」⇒「そうきたか。でもOK」

「ツイてない」⇒「ツイてる！」

「困った」⇒「なんとかなる」

5 相手への配慮を加える

相手の負担にならず、喜ぶ表現で

「また電話してください」⇒「また電話します」

「お食事ですか？　いいですよ」⇒「お食事、いいですね！」

「どれでもいいよ」⇒「どれもいいね」

「手伝ってあげる」⇒「手伝わせて」

「あなたは、返事だけはいいね」⇒「あなたは、返事もいいね」

仕事ができて、愛される人が使っているワード5

1「ありがとう」
2「お先にどうぞ」
3「ちょうどよかった！」
4「大丈夫」
5「幸せ！」

あとがき

私たちの仕事や人間関係などの〝現実〟は、言葉によってつくられていきます。

あなたが「どんな気持ちでいるか」よりも、あなたが「どんな言葉を使うか」が、相手にとっては重要な意味を持ちます。仕事でも、友人や恋人、家族との関係でも。

なぜなら、どんなに仕事や相手のことを真剣に考えていても、言葉にしなければ、それは伝わらない。自分の気持ちを伝えて初めて、人と交わっていくことができるのです。

私たちは、人から与えられる言葉、自分で発する言葉をエネルギーに生きています。

あなたがこれから使う言葉ひとつで、周りにいる人は、ほっと安心するし励まされます。仕事がスムーズに進められるかどうかも、言葉ひとつにかかっています。

「この人を信頼できるか」「この人を好きになれるか」も、あなたが普段使う言葉によって知らず知らずのうちに決まっています。

だから、「プラスの言葉」を使って、周りの人や現実をしなやかに受け入れていきましょう。

想像力を働かせて、相手にわかりやすい言葉で語りかけましょう。

能動的に前向きに、明るさをもって進んでいく人は愛されます。相手にいい影響を与えたり、人を喜ばせたりした分の恩恵は、必ずあなたのもとに返ってきます。

反対に、周りの人や現実を受け入れられず、「マイナスの言葉」で否定してしまう人は、周りからの恩恵も受け入れられにくくなり、前に進むこともできません。

言葉は心と心の交換ツールであると同時に、あなたの未来を映す〝鏡〟なのです。

あなたがこれから心地いい環境で、いい仕事をしていきたいと思うなら、プラスの言葉を使って相手に喜んでもらえる話し方をするに限ります。

仕事は仕事の能力と、人間関係の両輪によって成り立っているもの。

もしも、「仕事はできる。でも、愛されない」という状態なら、周りの人は引き立ててくれません。大切な情報も回ってこないし、あなたをサポートしてくれる人も現れないでしょう。

また、「愛されている。でも、仕事ができない」という状態では、最初はよくても、しまいには周りから匙を投げられ、いい仕事をするチャンスも得られないでしょう。

どちらが欠けても、あなたが潜在的に持っている仕事力や人間力のすばらしい資質を引き出すことはできず、成長もできず、仕事を長続きさせることはできません。

「仕事ができて、愛される」ということは、とても素敵なこと。幸せになれるということです。

そして、話し方のスキルを身につけるだけで、それはだれでも十分可能なのです。

この本を読んで納得できたら、実際にいろいろな人と会って、あとは実践していくのみ。

言葉のもつ偉大なエネルギーが、あなたをサポートし、次々に幸運が訪れること。そして、周りからの「信頼」と「愛」が降り注ぐことを確信しています。

有川真由美

◆著者略歴

有川真由美（ありかわ・まゆみ）

鹿児島県姶良市出身。熊本県立熊本女子大学卒。作家・写真家。化粧品会社事務、塾講師、科学館コンパニオン、ユニクロ店長、着物着付け講師、ブライダルコーディネーター、南日本新聞社編集者など多くの転職経験、マナー講習指導、新人教育の経験から、働く女性のアドバイザー的存在として書籍や雑誌などで活躍中。旅行作家としても台湾を中心に約30カ国を旅し、エッセイやドキュメンタリーを執筆する。
著書に、『30歳から伸びる女《ひと》、30歳で止まる女《ひと》』『仕事ができて、なぜか運もいい人の習慣』（以上、PHP研究所）、『女35歳からの「ひとり論」』（静山社）、『あたりまえだけどなかなかわからない 働く女《ひと》のルール』（明日香出版社）などがある。

装幀／本文デザイン／イラスト：齋藤　稔

仕事ができて、愛される人の話し方

2011年5月6日　第1版第1刷発行
2012年9月4日　第1版第7刷発行

著　者　有川真由美
発行者　小林成彦
発行所　株式会社ＰＨＰ研究所
東京本部　〒102-8331　千代田区一番町21
生活文化出版部　☎03-3239-6227（編集）
普及一部　☎03-3239-6233（販売）
京都本部　〒601-8411　京都市南区西九条北ノ内町11

PHP INTERFACE　http://www.php.co.jp/

印刷所
製本所　共同印刷株式会社

ISBN978-4-569-79635-2